WALKING GUIDE
PRAGA

WALKING GUIDE
PRAGA
ITINERARIOS A PIE

Will Tizard

NATIONAL GEOGRAPHIC

WALKING GUIDE
PRAGA

SUMARIO

P A R T E
1
PÁGINA 12
VISITAS RÁPIDAS

P A R T E
2
PÁGINA 46
LOS BARRIOS DE PRAGA

P A R T E
3
PÁGINA 170
CONSEJOS DE VIAJE

Páginas anteriores: la Plaza de la Ciudad Vieja. A la izquierda: el Castillo de Praga. A la derecha: la Virgen de Dolní Kalná en el convento de Santa Inés. Arriba a la derecha: el Reloj Astronómico de la Plaza de la Ciudad Vieja. Abajo a la derecha: detalle de la vidriera historiada de Mucha en la Catedral de San Vito.

Introducción

M e mudé a Praga hace más de veinticinco años. Mis primeros recuerdos de la ciudad están íntimamente ligados a los paseos, por ejemplo, mis largos años de estudiante, cuando era redactor en el nuevo *Praga Post* y la mayoría de los reporteros acabábamos de graduarnos. Por la noche, después del trabajo, salíamos a buscar el último *pub* o club abierto. Los nuevos locales surgían como setas siempre en algún barrio lejano. Caminábamos y luego buscábamos un tranvía para volver a casa, pero normalmente era más fácil y agradable volver a pie en la oscuridad. Praga fue construida a medida del hombre. Su tamaño estaba limitado por los medios de transporte del siglo xiv: carros tirados por caballos y calzado de cuero. Hoy en día, aunque existe una red de tranvías y el metro, caminar sigue siendo la forma más emocionante, y a menudo también la más rápida, de recorrer la ciudad. Esto es especialmente cierto en Staré Město (Ciudad Vieja), donde las callejuelas y los diminutos pasajes empedrados con guijarros pulidos están prohibidos a los coches. Desde aquí, cruza el Puente de Carlos y sube hasta el Castillo, sobre la colina. Yo suelo dar este paseo, que siempre me recuerda por qué decidí vivir aquí. Esta guía te ayudará a sacar el máximo partido a tu estancia en esta metrópolis medieval, una ciudad creada para los amantes de los paseos.

Decoraciones *art nouveau* de la Casa Storch, de estilo neorrenacentista, en la Plaza de la Ciudad Vieja de Staré Město.

Mark Baker
Residente en Praga, escritor de viajes
y colaborador de la revista National Geographic Traveler

Visitar Praga

Con edificios milenarios y calles antiguas con estilos arquitectónicos europeos, desde el gótico hasta el contemporáneo, Praga es fascinante. Si añadimos una escena musical que abarca desde la música clásica hasta la vanguardia, galerías de arte y cafés es fácil entender por qué es una ciudad tan atractiva.

Praga en pocas palabras

El centro histórico está formado por cinco barrios separados por el Moldava. Hradčany (barrio del Castillo) y Malá Strana (barrio pequeño) se encuentran en la orilla occidental del río; Josefov (el antiguo barrio judío), Staré Město (Ciudad Vieja) y Nové Město (Ciudad Nueva) en la orilla oriental. En un recodo del río, al norte de Josefov, se encuentra el antiguo barrio industrial de Holešovice, repleto de galerías de arte moderno y parques verdes, con una animada vida nocturna.

Cómo orientarse

Praga parece diseñada para recorrerla a pie. Sus barrios céntricos cubren una zona relativamente pequeña y los principales lugares de interés se encuentran a poca distancia unos de otros. Es poco probable que te pierdas, salvo quizá en el laberinto de

Praga día a día

Lunes El Castillo de Praga, el Monasterio de Strahov, Loreto y muchas iglesias están abiertas. Casi todos los demás lugares de interés están cerrados.

Martes Casi todos los lugares de interés están abiertos. El Museo Nacional cierra el primer martes de cada mes. La entrada al Museo de Artes Decorativas es gratuita por la noche.

Miércoles Todos los lugares están abiertos. La entrada es gratuita en: el Museo Kampa el primer miércoles del mes, la Galería

Nacional de 15:00 a 20:00 h, y el Palacio Lobkowicz de 16:00 a 18:00 h.

Jueves Todos los sitios están abiertos.

Viernes El Museo Nacional de la Técnica tiene entrada gratuita el primer viernes del mes. El horario de cierre de la Sinagoga Vieja-Nueva varía según el Shabat.

Sábado El Museo Judío y otros lugares de interés judíos están cerrados. El resto está abierto.

Domingo Todos los sitios están abiertos.

Praga es una ciudad de vistas extraordinarias: desde Malá Strana hasta la Catedral de San Vito.

callejuelas que rodean la Plaza de la Ciudad Vieja (Staroměstské náměstí), es recomendable llevar un mapa detallado. Podéis haceros una buena idea del plano de la ciudad observándola desde lo alto de una de sus torres, desde donde ver casi todos los puntos de referencia y las calles que los conectan. Praga tiene dos sistemas de numeración de edificios y en estos aparecen los números de ambos. Los números sobre fondo rojo pertenecen al antiguo sistema «descriptivo» de catalogación de edificios de los archivos municipales, iniciado en el siglo XVIII. Los números sobre fondo azul se refieren al «nuevo» sistema de numeración secuencial en una calle determinada, introducido en el siglo XIX. En esta guía se indican los números del nuevo sistema, así que busca las placas azules.

Praga a bajo precio

Las entradas no son especialmente caras, pero puedes ahorrar aún más comprando la Prague Card, que permite la entrada gratuita o con descuento a muchos museos y edificios históricos. La tarjeta también ofrece descuentos en algunas visitas organizadas y cruceros fluviales. Además, puedes comprar tarjetas de transporte público de 24 h o 3 días.

Cómo utilizar la guía

Cada itinerario (que puede ser solo a pie o en transporte público) está indicado en un plano y se ha diseñado teniendo en cuenta los horarios de apertura y las franjas horarias en las que los lugares turísticos están menos concurridos. Muchos itinerarios terminan cerca de restaurantes o en zonas animadas.

Visitas rápidas

Ideales para quienes solo disponen de un día o un fin de semana y quieren ver lo mejor de lo mejor. Elige el itinerario en función del tiempo y de tus intereses: En un día; En un fin de semana (Día 1 y Día 2); Divertirse en Praga; Praga histórica; *Art nouveau* y cubismo; Con niños (Día 1 y Día 2).

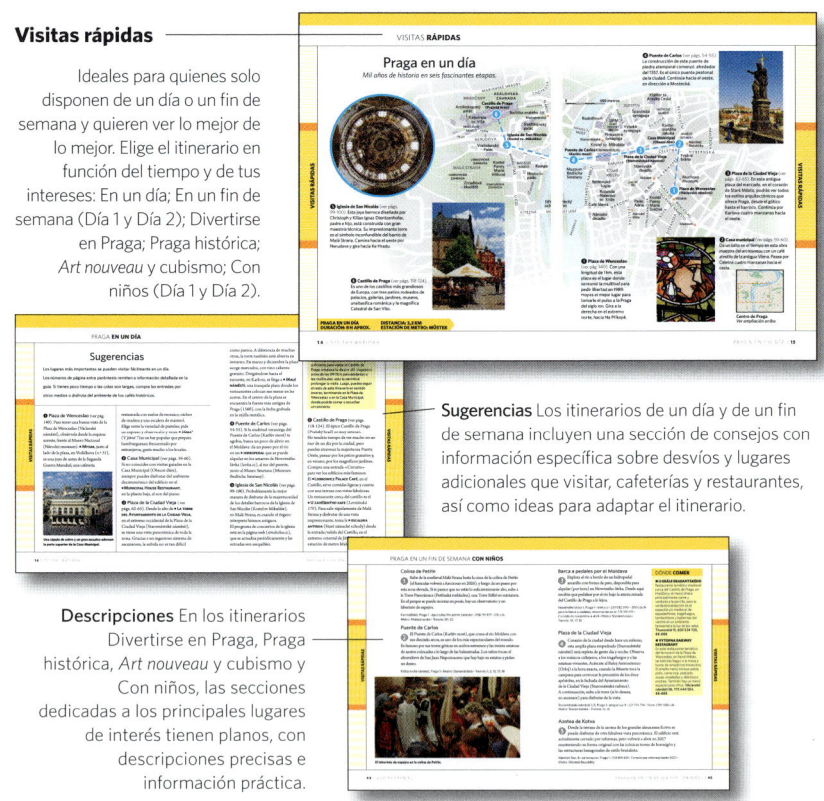

Sugerencias Los itinerarios de un día y de un fin de semana incluyen una sección de consejos con información específica sobre desvíos y lugares adicionales que visitar, cafeterías y restaurantes, así como ideas para adaptar el itinerario.

Descripciones En los itinerarios Divertirse en Praga, Praga histórica, *Art nouveau* y cubismo y Con niños, las secciones dedicadas a los principales lugares de interés tienen planos, con descripciones precisas e información práctica.

Visitas a los barrios

Los seis capítulos sobre los barrios comienzan con una introducción, seguida de un plano del itinerario que destaca las etapas y descripciones detalladas de los distintos lugares. Cada itinerario va seguido de una sección «En detalle» dedicada a un lugar importante del recorrido, una sección «Así es Praga» que proporciona información básica sobre un elemento típico del barrio y otra titulada «Lo mejor», que agrupa los lugares por temas.

Planos del itinerario Un plano de la zona muestra la ubicación de los lugares de interés, las estaciones de metro y las calles principales.

Acotaciones Describen brevemente los destinos más importantes e indican cómo continuar hacia el siguiente punto. Las páginas a las que se refieren contienen descripciones más detalladas de cada sitio.

Recorrido con etapas numeradas

Rangos de precios de los recuadros «Dónde comer» (por persona, bebidas no incluidas)

€ Menos de 8 €
€€ 8 - 12 €
€€ 12 - 20 €
€€€€ 20 - 28 €
€€€€€ Más de 28 €

Descripciones de los principales lugares de interés Siguiendo el orden del itinerario, cada destino se describe detalladamente, con información, dirección, página web, número de teléfono, precio de la entrada, días de cierre y estaciones de tranvía y metro más cercanas.

Dónde comer Este apartado enumera una selección de cafés y restaurantes que se encuentran a lo largo del itinerario.

PARTE 1

Visitas rápidas

Praga en un día

Mil años de historia en seis fascinantes etapas.

MARIÁNSKÉ HRADBY

HRADČANY KRÁLOVSKÁ ZAHRADA CHO

Arcibiskupský palác **Castillo de Praga (Pražský hrad)**

Bazilika svatého J

⑥

Katedrála sv. Víta Malostran

HRADČANSKÉ NÁMĚSTÍ Valdštejn palác

NERUDOVA **Iglesia de San Nico (Kostel sv. Mikuláše)**

Vratislavský Palác ⑤

KARMELITSKÁ

LOBKOVICKÁ ZAHRADA Kostel Panny Marie Vítězné MALTÉZSKÉ NÁMĚSTÍ Kar

MALÁ STRANA

LOBKOVICKÁ ZAHRADA Nosticů palác

Zrcadlové bludiště SEMINÁŘSKÁ ZAHRADA

Čertovka

ÚJEZD

VÍTĚZNÁ

❺ **Iglesia de San Nicolás** (ver págs. 99-100). Esta joya barroca diseñada por Christoph y Kilian Ignaz Dientzenhofer, padre e hijo, está construida con gran maestría técnica. Su impresionante torre es el símbolo inconfundible del barrio de Malá Strana. Camina hacia el oeste por Nerudova y gira hacia Ke Hradu.

❻ **Castillo de Praga** (ver págs. 118-124). Es uno de los castillos más grandiosos de Europa, con tres patios rodeados de palacios, galerías, jardines, museos, una basílica románica y la magnífica Catedral de San Vito.

PRAGA EN UN DÍA **DISTANCIA: 3,2 KM**
DURACIÓN: 8 H APROX. **ESTACIÓN DE METRO: MŮSTEK**

④ Puente de Carlos (ver págs. 54-55).
La construcción de este puente de
piedra atemporal comenzó alrededor
del 1357. Es el único puente peatonal
de la ciudad. Continúa hacia el oeste,
en dirección a Mostecká.

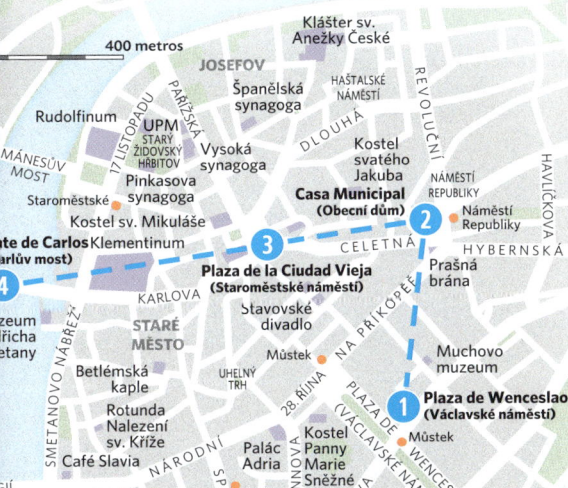

③ Plaza de la Ciudad Vieja (ver
págs. 62-65). En esta antigua
plaza del mercado, en el corazón
de Staré Město, podrás ver todos
los estilos arquitectónicos que
ofrece Praga, desde el gótico
hasta el barroco. Continúa por
Karlova cuatro manzanas hacia
el oeste.

② Casa municipal (ver págs. 59-60).
Da un salto en el tiempo en esta obra
maestra del *art nouveau* con un café
al estilo de la antigua Viena. Pasea por
Celetná cuatro manzanas hacia el
oeste.

① Plaza de Wenceslao
(ver pág. 140). Con una
longitud de 1 km, esta
plaza es el lugar donde
se reunió la multitud para
pedir libertad en 1989.
Hoy es el mejor lugar para
tomarle el pulso a la Praga
del siglo XXI. Gira a la
derecha en el extremo
norte, hacia Na Příkopě.

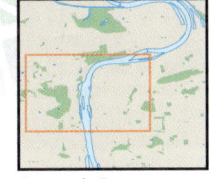

Centro de Praga
Ver ampliación arriba

Sugerencias

Los lugares más importantes se pueden visitar fácilmente en un día.

Los números de página entre paréntesis remiten a información detallada en la guía. Si tienes poco tiempo o las colas son largas, compra las entradas por otros medios o disfruta del ambiente de los cafés históricos.

❶ Plaza de Wenceslao (ver pág. 140). Para tener una buena vista de la Plaza de Wenceslao (Václavské náměstí), obsérvala desde la esquina sureste, frente al Museo Nacional (Národní muzeum). ■ MYSAK, justo al lado de la plaza, en Vodičkova (n.º 31), es una joya de antes de la Segunda Guerra Mundial, una cafetería

Una cúpula de cobre y un gran mosaico adornan la parte superior de la Casa Municipal.

restaurada con suelos de mosaico, nichos de madera y una escalera de mármol. Elige entre la variedad de pasteles, pide un expreso y observa el ir y venir. ■ JÁMA³ (*V Jámě 7*) es un bar popular que prepara hamburguesas; frecuentado por extranjeros, gusta mucho a los locales.

❷ Casa Municipal (ver págs. 59-60). Si no coincides con visitas guiadas en la Casa Municipal (Obecní dům), siempre puedes disfrutar del ambiente decimonónico del edificio en el ■ MUNICIPAL HOUSE RESTAURANT, en la planta baja, al son del piano.

❸ Plaza de la Ciudad Vieja (ver págs. 62-65). Desde lo alto de ■ LA TORRE DEL AYUNTAMIENTO DE LA CIUDAD VIEJA, en el extremo occidental de la Plaza de la Ciudad Vieja (Staroměstské náměstí), se tiene una vista panorámica de toda la zona. Gracias a un ingenioso sistema de ascensores, la subida no es tan difícil como parece. A diferencia de muchas otras, la torre también está abierta en invierno. En marzo y diciembre la plaza acoge mercados, con vino caliente gratuito. Dirigiéndose hacia el suroeste, en Karlova, se llega a ■ MALÉ NÁMĚSTÍ, una tranquila plaza donde los restaurantes colocan sus mesas en las aceras. En el centro de la plaza se encuentra la fuente más antigua de Praga (1560), con la fecha grabada en la rejilla metálica.

❹ Puente de Carlos (ver págs. 54-55). Si la multitud veraniega del Puente de Carlos (Karlův most) te agobia, busca un poco de alivio en el Moldava: da un paseo por el río en un ■ HIDROPEDAL que se puede alquilar en los amarres de Novotného Iávka (*lavka.cz*), al sur del puente, junto al Museo Smetana (Muzeum Bedřicha Smetany).

❺ Iglesia de San Nicolás (ver págs. 99-100). Probablemente la mejor manera de disfrutar de la majestuosidad de los detalles barrocos de la Iglesia de San Nicolás (Kostel sv Mikuláše), en Malá Strana, es cuando el órgano interpreta himnos antiguos.
El programa de conciertos de la iglesia está en la página web (*stnicholas.cz*), que se actualiza periódicamente y las entradas son asequibles.

❻ Castillo de Praga (ver págs. 118-124). El épico Castillo de Praga (Pražský hrad) es muy extenso. No tendrás tiempo de ver mucho en un *tour* de un día por la ciudad, pero puedes atravesar la majestuosa Puerta Oeste, pasear por los patios gratuitos y, en verano, por los magníficos jardines. Compra una entrada «Circuito» para ver los edificios más famosos. El ■ LOBKOWICZ PALACE CAFÉ, en el Castillo, sirve comidas ligeras y cuenta con una terraza con vistas fabulosas. Un restaurante cerca del castillo es el ■ U ZAVĚŠENÝHO KAFE (*Loretánská 179*). Para salir rápidamente de Malá Strana y disfrutar de una vista impresionante, toma la ■ ESCALERA ANTIGUA (Staré zámecké schody) desde la entrada/salida del Castillo, en el extremo oriental de Jiřská, que lleva a la estación de metro Malostransk.

Praga en un fin de semana

El primer día te esperan un castillo medieval, iglesias barrocas, tranquilas calles junto al río y una de las principales zonas comerciales.

JELENÍ

MARIÁNSKÉ HRADBY

HRADČANY

KRÁLOVSKÁ ZAHRADA

Arcibiskupský palác

Castillo de Praga (Pražský hrad)

Šternberský palác

Katedrála sv. Víta

Martinický palác

HRADČANSKÉ NÁMĚSTÍ

Loreta   Toskánský palác

Černínský palác

ÚVOZ

Iglesia de San Nico (Kostel sv. Mikulá

B sv

③

POHOŘELEC

Monasterio de Strahov (Strahovský klášter)

②

SCHÖNBORNSKÁ ZAHRADA

Vratislavský Palác

MALÁ STRANA

Kostel Panny Marie Vítězné

KARMELITSKÁ

MALTÉ NÁMĚ

VANIČKOVA

STRAHOVSKÁ ZAHRADA

LOBKOVICKÁ ZAHRADA

Nost pal

Petřínská rozhledna

Zrcadlové bludiště

SEMINÁŘSKÁ ZAHRADA

Katedrální chrám sv. Vavřince

Lanová dráha

ÚJEZD

PETŘÍNSKÉ SADY

VÍTĚ

0   600 metros

KINSKÉHO ZAHRADA

❶ **Castillo de Praga** (ver págs. 118-124). Dedica medio día a visitar el corazón de la historia de Bohemia. Dirígete hacia el oeste cuatro manzanas hasta Pohořelec y gira a la izquierda.

❷ **Monasterio de Strahov** (ver págs. 104-107). Este sublime complejo barroco, minuciosamente restaurado, incluye una iglesia , una biblioteca repleta de manuscritos, galerías y *pubs* con terraza. Pasea por Úvoz, luego por Nerudova y llega a la Plaza Malá Strana (Malostranské náměstí).

❸ **Iglesia de San Nicolás** (ver págs. 99-100). Esta maravilla del siglo XVIII está decorada con mármol y oro. Dirígete hacia el este por Mostecká y pasa por debajo del Puente de Carlos.

PRAGA EN UN FIN DE SEMANA DÍA 1   **DISTANCIA: 5,2 KM**
DURACIÓN: 8 H APROX.   **ESTACIÓN DE METRO: MALOSTRANSKÁ**

❻ Plaza de Wenceslao (ver pág. 140).
Después de contemplar la ecléctica
arquitectura de la plaza, del *art nouveau*
al modernismo, tómate tu tiempo para
hacer algunas compras o tomar algo
en uno de sus numerosos cafés.

U BRUSKÝCH
KASÁREN

Malostranská

Rudolfinum

Španělská
synagoga

17 LISTOPADU

PAŘÍŽSKÁ

UPM
STARÝ
ŽIDOVSKÝ
HŘBITOV

Vysoká
synagoga

DLOUHÁ

Kostel
svatého
Jakuba

Pinkasova
synagoga

Chrám Matky
Boží před Týnem

Obecní
dům

štejnský
ic

MÁNESŮV
MOST

Staroměstské

Kostel sv. Mikuláše

UNGELT

Náměstí
Republiky

Klementinum

MARIÁNSKÉ
NÁMĚSTÍ

STAROMĚSTSKÉ
NÁMĚSTÍ

CELETNÁ

KARLŮV MOST

a de
mpa

Muzeum
Bedřicha
Smetany

KARLOVA

STARÉ MĚSTO

Staroměstská
radnice

Karolinum

Stavovské
divadlo

NA PŘÍKOPĚ

Muchovo
muzeum

SMETANOVO NÁBŘEŽÍ

Betlémská
kaple

Můstek

JINDŘIŠSKÁ

❺ Teatro Nacional (ver pág. 145).
Este ilustre teatro es testimonio
de la importancia de los escenarios
(*divadlo*) en la conciencia
bohemia. Camina cinco manzanas
hacia el este, en Národní.

UHELNÝ
TRH

Kostel
Panny
Marie
Sněžné

Rotunda
Nalezení
sv. Kříže

PLAZA
(VÁCLAVSKÉ NÁMĚSTÍ)

Můstek

*Střelecký
ostrov*

MOST LEGIÍ

Palác
Adria

NÁRODNÍ

Café Slavia

SPÁLENÁ

❺
Teatro Nacional
(Národní divadlo)

Národní
třída

❻

**Plaza de
Wenceslao**
**(Václavské
náměstí)**

WENCESLAO

Moldava

Dům
Diamant

Muzeum

Novoměstská
radnice

ŠTĚPÁNSKÁ

ŽITNÁ

❹ Isla de Kampa (ver pág. 102).
Con sus bonitas calles junto al río,
un hermoso parque y una galería
de arte moderno, este es el lugar
ideal para relajarse. Cruza el
Puente de las Legiones
(Most Legií).

Centro de Praga
Ver ampliación arriba

Sugerencias

Todos los lugares se describen detalladamente en la guía (para más información, consulta los números de página entre paréntesis). Si dispones de poco tiempo, con los siguientes consejos podrás personalizar tu visita según tus intereses y encontrar ideas para restaurantes y lugares alternativos.

❶ Castillo de Praga (ver págs. 118-124). La cafetería de la terraza del ■ **Palacio Lobkowicz** (Lobkovický palác; ver págs. 128-129), de propiedad privada, se encuentra en el recinto del castillo y es un buen lugar para empezar el día. Si te abruma la gran cantidad de lugares que hay para visitar en el complejo del Castillo más

grande del mundo, céntrate en un tema en concreto. Si, por ejemplo, te interesa el arte, visita la ■ **Pinacoteca del Castillo** (Obrazárna Pražského hradu; ver pág. 118) o compra una entrada individual que incluye los tesoros de la Catedral de San Vito. Los expertos en arquitectura querrán ver el ■ **Salón de Vladislao**, en el Antiguo Palacio Real (Starý královský palác; ver págs. 118-119). Si te gusta lo pintoresco, pasea por el ■ **Callejón de Oro** (Zlatá ulička; ver págs. 123-124).

❷ Monasterio de Strahov (ver págs. 104-107). Las colecciones de arte restauradas del Monasterio de Strahov (Strahovský klášter) son fantásticas, y la vista desde la cima de la colina es impresionante. La cerveza San Norberto, creada por los monjes hace siglos, tiene un agradable aroma a lúpulo. La encontrarás en el café-

La cafetería-restaurante Sv. Norbert Pivovar Strahov se encuentra junto a la entrada principal del Monasterio de Strahov.

restaurante ■ **Sv. Norbert Pivovar Strahov**, junto a la Galería Miró, en la entrada principal.

❸ Iglesia de San Nicolás (ver págs. 99-100). La Iglesia de San Nicolás (Kostel sv. Mikuláše) es un edificio icónico rodeado de varias instituciones dedicadas a los placeres terrenales. Una de ellas es la amada ■ **U Glaubiců** (*Malostranské náměstí 5*), con mesas en la acera y varios salones internos.

❹ Isla de Kampa (ver pág. 102). El parque junto al río Moldava, con sus amplias zonas de césped, es un lugar ideal para un picnic. El ■ **Museo Kampa** (ver págs. 102 y 167) alberga importantes obras de arte moderno checo. En el extremo norte de la isla, artistas conceptuales han ocupado el Puente del Gran Prior, colocando candados en la barandilla de hierro forjado como testimonio de su amor.

❺ Teatro Nacional (ver pág. 145). La zona que rodea el Teatro Nacional (Národní divadlo) está repleta de lugares para refrescar el cuerpo y la mente, incluyendo el ■ **Café Slavia** (ver pág. 71) en Smetanovo nábřeží, justo enfrente del teatro. Entre los clientes del café se encontraban el presidente y dramaturgo Václav Havel y sus amigos, atraídos por la histórica

UN DÍA **A MEDIDA**

Si te gusta el arte contemporáneo, puedes incluir en tu itinerario tres obras del checo David Černý. En el jardín de la embajada alemana, en Vlašská (*n.º 19*), se encuentra *Quo Vadis*, un Trabant de fibra de vidrio sobre cuatro patas, homenaje a los 4000 alemanes del Este que llegaron a bordo de sus Trabant en 1989. Fuera del Museo Kafka (ver pág. 97), al este de la Iglesia de San Nicolás, se encuentra la obra *Pissing Men*, es decir, las estatuas de dos hombres orinando en una bañera con forma de República Checa. En el Pasaje Lucerna (ver pág. 141), cerca de la Plaza de Wenceslao, se encuentra la estatua ecuestre invertida de San Wenceslao.

fama del lugar como espacio de retiro para escritores. Tolstói también lo frecuentaba.

❻ Plaza de Wenceslao (ver pág. 140). Esta plaza alargada combina la majestuosidad arquitectónica con el comercio. La zapatería ■ **Bata** (*n.º 6*) ocupa uno de los edificios funcionalistas más bellos de Praga. Comprar un par de zapatos en este edificio de cristal y acero es un deleite. Continúa comprando por ■ **Na Příkopě**, que discurre al este de la Plaza de Wenceslao, y busca ■ **Nekázanka**, una calle hacia la derecha. Dos puentes cubiertos y ornamentados, construidos a imitación del Puente de los Suspiros de Venecia, cruzan la calle por encima.

Praga en un fin de semana

*Explora el extenso barrio judío y el centro medieval,
y termina el día de la mejor manera posible
con edificios emblemáticos de la arquitectura cubista y barroca.*

❶ **Museo Judío** (ver págs. 77-83). El museo está formado por seis sitios históricos que sobrevivieron al desmantelamiento del gueto a principios del siglo XX. La Sinagoga Vieja-Nueva, la más antigua de Europa Central, se encuentra cerca. Continúa por Pařížská hacia el sur, en dirección a la Plaza de la Ciudad Vieja.

❷ **Plaza de la Ciudad Vieja** (ver págs. 62-65). Todas las calles de Staré Město (Ciudad Vieja) parecen conducir a esta plaza medieval, siempre invadida por una gran multitud. Además del monumento a Jan Hus, mártir nacional, la plaza acoge eventos anuales y puestos de artesanía. Dirígete al este, a Štupartská.

SMETANOVO Náz

Ná
div

PRAGA EN UN FIN DE SEMANA DÍA 2   **DISTANCIA: 2 KM**
DURACIÓN: 8 H APROX.   **ESTACIÓN DE METRO: STAROMĚSTSKÁ**

5 **Teatro Estatal** (ver pág. 61). Este teatro barroco, con una sala rodeada de balcones de hierro forjado, es el lugar donde Wolfgang Amadeus Mozart dirigió dos óperas a finales del siglo XVIII.

4 **Casa de la Madona Negra** (ver pág. 60). El edificio checo más bello que ha innovado la arquitectura cubista es este antiguo gran almacén de los años veinte, con una bonita cafetería en la terraza. Atraviesa Ovocnýtrh en dirección suroeste.

Centro de Praga
Ver ampliación arriba

3 **Torre de la Pólvora** (ver pág. 60). Esta imponente torre y arco de piedra del siglo XIII es una de las puertas originales de la ciudad que rodeaban Staré Město. Sigue una manzana hacia el oeste, por Celetná.

Sugerencias

Los siguientes lugares se tratan en detalle en los capítulos dedicados a los

barrios (consulta los números de página entre paréntesis). Nuestras

recomendaciones incluyen sugerencias para evitar las aglomeraciones y

personalizar la visita según tus intereses, así como información práctica.

❶ Museo Judío (ver págs. 77-83). Calcula medio día para visitar el Museo Judío (Židovské muzeum). Si te entra el hambre, acércate a ■ **Bakeshop Praha** (*Kozí 1, bakeshop.cz, 222 316 823, €-€€*) cerca de la Sinagoga Española (Španělská synagoga; ver págs. 82-83): es una panadería grande y luminosa que sirve *bagels*, *croissants*, sopas, ensaladas, bocadillos y pasteles. Fuera de la Sinagoga Española se encuentra el

Interior de la Sinagoga Vieja-Nueva.

■ **Monumento a Franz Kafka**. En la parte superior de Pařižská, junto a la Sinagoga Vieja-Nueva (Staronová synagoga), se encuentra un edificio con arcos *art nouveau* coronado por una alta torre gótica: el marco ideal para la calle de la moda. Estás en Pařížská (ver pág. 28), donde se suceden los talleres de las principales firmas de moda, desde **Prada** a **Ermenegildo Zegna**, pasando por **Moncler**, **Longchamp** y **Céline**.

❷ Plaza de la Ciudad Vieja (ver págs. 62-65). En un pequeño y tranquilo patio detrás de la Iglesia de Santa María di Týn (Kostel Matky Boží před Tynem) se encuentra una de las mejores librerías de arte y literatura checa, la ■ **Týnská Literární Kavárna** (*Týnská 6, 224 827 807*). En el mismo patio se encuentra la ■ **Casa del Anillo de Oro** (Dům U Zlatého

Prstenu; *Týnská 6, muzeumprahy.cz, 601 102 961, 180 czk, cerrado lu.*). Gestionada por la City Gallery Prague, alberga una colección permanente de arte checo del siglo xx y organiza exposiciones temporales de artistas emergentes. El patio es un lugar tranquilo y apartado para tomarse un respiro del bullicio de la plaza.

❸ Torre de la Pólvora (ver pág. 60). No te pierdas la imponente fachada neoclásica frente a la Torre de la Pólvora (Prašná brána), aunque pueda parecer un centro comercial normal. **▪SLOVANSKÝ DŮM** (antes conocida como Palacio Vernierov; *Na Příkopě 22, slovanskydum.cz, 221 451 292*) se construyó en el 1695, y la fachada se reconstruyó en el 1797. Tras la Revolución de Terciopelo, el edificio quedó abandonado. Hoy puedes ir a ver una película al Cinema City, comprar un traje de diseño en una de sus numerosas tiendas o degustar la cocina mediterránea en el restaurante Kogo (*kogo.cz, 221 451 259, €€-€€€*).

❹ Casa de la Madona Negra (ver pág. 60). La tienda **▪ KUBISTA**, en la planta baja de la Casa de la Madona Negra (Dům U Černé Matky Boží), sigue la tradición iniciada con su apertura como gran almacén. Muebles cubistas y porcelana, que no

UN DÍA **A MEDIDA**

Junto al Ayuntamiento de la Ciudad Vieja, en la plaza, se encuentra la oficina de turismo más grande de Praga, que ofrece información sobre la ciudad y vende entradas para conciertos y espectáculos teatrales (*abierta hasta las 19:00 h*). Además, puedes conseguir el calendario de los conciertos que se celebran en muchas iglesias y museos (ver pág. 69). Estos conciertos suelen comenzar a primera hora de la tarde y duran 1 h.

encontrarás en ningún otro sitio, son perfectos como artículos de regalo.

❺ Teatro Estatal (ver pág. 61). La estatua de bronce del espectral caballero con capa frente al Teatro Estatal (Stavovské divadlo), llamada **▪ MANTO DE LA CONCIENCIA**, forma parte de la serie de la escultora checa Anna Chromý. Frente al teatro se encuentra el **▪ CAROLINUM** (Karolinum; *Ovocný trh 5*), uno de los edificios más antiguos de la Universidad de Praga y la primera institución universitaria de Europa Central, fundada por Carlos IV en el 1348. En los claustros del complejo se organizan exposiciones de arte, mientras que el aula magna se utiliza para eventos y ceremonias.

VISITAS RÁPIDAS

Divertirse en Praga

Desde el arte moderno hasta un bar de cócteles en una torre, pasando por tiendas de lujo y un crucero por el río, en Praga hay mucho para disfrutar.

5 **Torre de la Televisión de Žižkov** (ver pág. 29). Sube a la torre para tomar un cóctel en la azotea del bar con unas vistas únicas.

4 **Crucero por el Moldava** (ver pág. 29). Disfruta sin aglomeraciones de algunas de las vistas más bonitas de Praga con un crucero fluvial de ida y vuelta. Camina una manzana hacia el sur, toma el tranvía 10 y baja en la parada Perunova. A continuación, camina seis manzanas hacia el norte.

MILADY HOR

Hradčanská

0   1000 met

JELENÍ

PARLÉŘOVA

Chrám sv. Víta   Bazilika svatého Jiří
                                    Malostranská   Rudo
Starý královský palác   Valdštejnský   MÁN
                                    palác   MO.
Strahovský   Kostel sv.   Staro
klášter   Mikuláše
                    Kostel Panny   Karlův m
                    Marie Vítězné
                    a Pražské Jezulátko

3 **U Medvídků** (ver pág. 28). Este *pub* tradicional lleva 554 años en funcionamiento. El local se ha ganado muchos clientes y una sólida reputación por su cerveza lager de barril y su menú de excelentes platos tradicionales. Camina unas cuantas manzanas hacia el oeste hasta el río y toma el tranvía 17 hacia el sur, en dirección a Rašínovo nábřeží.

MOST
LEGIÍ
Národní
divadlo

JIRÁSKŮV
MOST
**Crucero por
el Moldava**

❶ Galería Nacional de Praga (ver págs. 28 y 162-163). Explora el antiguo Palacio de Ferias, que alberga obras maestras del arte moderno de toda Europa y piezas checas de diseño retro, desde máquinas de escribir hasta vidrieras *art nouveau*. Toma el tranvía 17 y baja en la parada Právnická fakulta, en Staré Město.

❷ Pařížská (ver pág. 28). Esta brillante calle comercial de tres manzanas en Staré Město es el lugar ideal para descubrir las últimas tendencias de la alta costura internacional. Atraviesa la Plaza de la Ciudad Vieja (Staroměstské náměstí), gira a la derecha en el Reloj Astronómico y camina por Jilská hacia el sur durante unas cuantas manzanas, hasta llegar a Na Perštýně.

DÓNDE **COMER**

■ LA CASA BLŮ

La ubicación en Pařížská puede disparar el precio de la comida, pero este bar, a solo dos manzanas, sirve auténtica cocina mexicana a precios asequibles. **Kozí 15, Praga 1, 224 818 270, €€-€€€**

■ LOKÁL

Un éxito entre los praguenses exigentes por su estilo retro y sus auténticas recetas checas tradicionales, este *pub* minimalista también sirve cerveza sin pasteurizar, conservada en depósitos especiales. **Dlouhá 33, Praga 1, 734283 874, €**

■ KOLKOVNA V KOLKOVNĚ

Elegante restaurante con especialidades de cocina checa y excelente cerveza Pilsner, ha dado origen a una cadena de *pubs* y restaurantes de la misma marca. **V. Kolkovně 8, 224 819 700, €€-€€€**

Galería Nacional de Praga

1 Para una visión general de la colección, toma el ascensor de cristal en la Sala Pequeña, que te transportará a través de las cuatro plantas, donde se exhiben pinturas, esculturas y piezas de diseño de los siglos XIX y XX. Una de las secciones más interesantes es la extensa colección de arte checo contemporáneo, en la segunda planta.

Dukelských Hrdinů 47, Praga 7 • *ngprague.cz* • 224 301 122 • 250 czk • Cerrado lu. • Metro: Vltavská • Tranvía: 6, 12, 17

Pařížská

2 Tanto si sientes o no la necesidad de comprar un bolso Prada, un vestido de noche de alta costura o unos zapatos de alta costura, pasea por Pařížská(calle París). Esta amplia avenida, flanqueada por elegantes edificios de estilo *art nouveau*, alberga *boutiques* de Dior, Gucci, Fendi, Dolce & Gabbana, Burberry y otras marcas internacionales, así como joyerías y tiendas de accesorios y cristalería bohemia. Como alternativa, detente en una cafetería y disfruta de una copa mientras observas el flujo de compradores.

Pařížská, Praga 1 • Metro: Staroměstská • Tranvía: 7, 13, 17, 20, 22, 93

U Medvídků

3 Ruidoso y lleno de humo, este *pub* es toda una institución en Praga, en funcionamiento desde1466. Unos depósitos especiales conservan la cerveza excepcionalmente fresca y pura. El *roast beef* a la cerveza es una delicia, al igual que el clásico *goulash* o el pato con raviolis de patata y *chucrut*. La banda de música y el laberinto de salas hacen que la visita sea inolvidable.

Na Perštýně 7, Praga 1 • 736 662 900 • Metro: Národní třída • Tranvía: 9, 18, 22, 23, 93

Crucero por el Moldava

4 Relájate durante una hora en la cubierta de un barco de la Prague Steamship Company. El *skyline* de la ciudad se desliza ante tus ojos: contempla las fachadas de los edificios que se asoman al agua, como el Teatro Nacional y el Museo Smetana, admira el Puente de Carlos y los otros diecisiete puentes de Praga desde otro ángulo, contempla el Castillo de Praga y la Catedral de San Vito, sobre la colina, y observa las fortificaciones construidas en el promontorio de Vyšehrad. Hay cruceros de 90 min disponibles, con café y postre.

Rašínovo nábřeží, Praga 2 • *prague steamboats.com* • 724 202 505 • crucero 1 h, 390 czk • Cerrado de noviembre a febrero • Metro: Karlovo náměstí • Tranvía: 3, 4, 10, 16, 92

Torre de la Televisión de Žižkov

5 Tómate un *gin tonic* en el Bistro66, a 66 m de altura y sobre la antigua estación de radio de *jamming*, en el colorido barrio de Žižkov. Prácticamente te encontrarás cara a cara con la gigantesca estatua ecuestre del líder rebelde bohemio Jan Žižka, en la colina de Vítkov. La torre de tres pisos, construida a finales de los 80 para bloquear la recepción de emisiones de radio de Europa Occidental, hoy emite programas de radio y televisión. Justo encima del Bistro66 hay un hotel de una sola habitación, que debe reservarse con años de antelación.

Mahlerovy sady 1, Praga 3 • *towerpark.cz* • 210 320 081 • 300 czk • Metro: Jiřího z Poděbrad • Tranvía: 5, 8, 9, 11, 13, 15, 17, 23, 92

Las esculturas de niños gateando en la Torre Žižkov son obra de David Černý.

Praga histórica

Situada en el corazón de Europa, Praga lleva las cicatrices de más de mil años de turbulentas luchas de poder, guerras y ocupaciones.

6 Castillo de Praga (ver págs. 33 y 118-124). Este castillo situado en una colina, vigilado por los gárgolas de la Catedral de San Vito (abajo), muestra las huellas de todos los que gobernaron la región, desde las tribus prehistóricas hasta los presidentes checos actuales.

5 Puente de las Legiones (ver pág. 33). Disfruta de las vistas de la ciudad sin aglomeraciones desde este puente que conmemora a los soldados checos y eslovacos de la Primera Guerra Mundial, cuyas acciones marcaron un punto de inflexión en la lucha por la independencia. Camina hacia el oeste dos manzanas hasta Újezd, toma el tranvía 22 y baja en la parada Pohořelec.

4 Vyšehrad (ver págs. 33 y 143). Camina entre las ruinas de esta colina, donde la primera dinastía bohemia construyó una fortaleza. Toma el tranvía 18 o 24 desde la parada Albertov hasta Národní třída y camina hacia el oeste.

PRAGA HISTÓRICA   DISTANCIA: 6,3 KM   DURACIÓN: 10 H
ESTACIÓN DE METRO: NÁMĚSTÍ REPUBLIKY

❶ Museo del Comunismo (ver pág. 32). Para aprender más sobre la ideología que trajeron los soviéticos a Checoslovaquia al final de la Segunda Guerra Mundial, camina hasta Na Příkopě y gira a la izquierda en la Plaza de Wenceslao (Václavské náměstí). A mitad de la plaza, gira hacia Vodičkova.

finum

Židovské muzeum
Staroměstská

Clam-Gallasovský palác
Klementinum
Betlémská kaple
Náměstí Republiky
Obecní dům - Prašná brána
Stavovské divadlo

Florenc

❶ **Museo del Comunismo**
(Muzeum komunismu)

Müstek
Müstek
Hlavní nádraží
Hlavní nádraží

árodní vadlo
Palác Lucerna
Muzeum

Národní třída

ITALSKÁ

RIEGROVY SADY

❷ **Ayuntamiento de la Ciudad Nueva**
(Novoměstská radnice)

Národní muzeum

VINOHRADSKÁ
SLEZSKÁ
KORUNNÍ

Catedral de San Cirilo y San Metodio
(Katedrální chrám sv. Cyrila a Metoděje)

JEČNÁ
Karlovo náměstí
NOVÉ MĚSTO

I.P. Pavlova

NÁMĚSTÍ MÍRU
Náměstí Míru

0   1000 metros

BENÁTSKÁ

LEGEROVA
SOKOLSKÁ
NUSELSKÝ MOST

NA SLUPI

SEKANINOVA
JAROMÍROVA
ČIKLOVA

NA SLUPI

❹ **Vyšehrad**
Rotunda sv. Martina

Vyšehrad

❷ **Ayuntamiento de la Ciudad Nueva** (ver págs 32 y 141). Observa el lugar donde los praguenses perfeccionaron los métodos de protesta política con la primera defenestración, en 1419. Camina hacia el sur por la Plaza de Carlos (Karlovo náměstí) y gira a la derecha en Resslova.

❸ **Catedral de San Cirilo y San Metodio** (ver págs. 32 y 142-143). Los impactos de artillería alrededor de la entrada de la cripta marcan el lugar donde lucharon y murieron los asesinos del gobernador nazi del Protectorado de Bohemia y Moravia durante la Segunda Guerra Mundial. El museo de la cripta narra estos acontecimientos históricos. Toma el tranvía 18 o 24 y baja en la parada Albertov.

Museo del Comunismo

1 El Museo del Comunismo (Muzeum komunismu) muestra las humillaciones, las mentiras, y el mal funcionamiento del sistema comunista. Se exhiben carteles políticos, películas y reconstrucciones de una escuela con propaganda, así como una comisaría de la policía.

V Celnici 4, Praga 1 • *muzeumkomunismu.cz* • 224 212 966 • 380 czk • Metro: Náměstí Republiky • Tranvía: 2, 6, 8, 15, 23, 26

Ayuntamiento de la Ciudad Nueva

2 Desde la Torre del Ayuntamiento de la Ciudad Nueva (Novoměstská radnice) los husitas (reformadores que querían cambios en la Iglesia católica) defenestraron a algunos miembros del consejo municipal. Este suceso marcó el inicio de las guerras husitas, que comenzaron en 1419.

Karlovo náměstí 1, Praga 2 • *nrpraha.cz* • 224 947 190, 725 639 740 • Ayuntamiento y torre cerrados lu. Torre cerrada de diciembre a marzo • Metro: Karlovo náměstí • Tranvía: 2, 3, 5, 6, 9, 14, 18, 24

Catedral de los San Cirilo y San Metodio

3 Una placa en el muro sur de la Catedral de San Cirilo y San Metodio (Katedrální Chrám sv. Cyrila aMetoděje) rinde homenaje a los autores del atentado contra el nazi Reinhard Heydrich. La exposición conmemorativa en la cripta ilustra los detalles de la conspiración y quiénes fueron sus autores.

Resslova 9a, Praga 2 • *katedrala.site* • 608 029 335 • Metro: Karlovo náměstí • Tranvía: 3, 6, 18, 22, 24

El museo de la Catedral de San Cirilo y San Metodio conmemora a los autores del asesinato de Reinhard Heydrich.

Vyšehrad

4 Debido a la guerra y al paso del tiempo, queda muy poco de la fortaleza Premislida del siglo x. En el borde del acantilado sobre el río, se pueden ver los restos del bastión defensivo conocido como Baño de Libuše, un lugar donde se respira la esencia del salvaje pasado bohemio.

V Pevnosti 5b, Praga 2 • *praha-vysehrad.cz* • 241 410 348 • Metro: Vyšehrad • Tranvía: 3, 7, 14, 17, 18, 24

Puente de las Legiones

5 Un bajorrelieve de bronce en el Puente de las Legiones (Most Legií, antes Puente Francisco I) rinde homenaje a los soldados checos y eslovacos que cambiaron de bando para luchar contra Alemania y el Imperio austrohúngaro en Rusia durante la Primera Guerra Mundial. Tras la independencia (1918), los praguenses cambiaron el nombre del puente (1901) y lo adoptaron como símbolo de la nueva soberanía checoslovaca.

Entre Národní y Újezd, Praga 1 • Metro: Národní třída • Tranvía: 2, 9, 14, 18, 22, 93

UNA **CURIOSIDAD**

La Legión Checoslovaca nació de un movimiento de resistencia fundado por Tomáš Garrigue Masaryk, líder del movimiento independentista checoslovaco (y primer presidente de Checoslovaquia en 1918), y Edvard Beneš. A sus filas se unieron soldados checos y eslovacos de los ejércitos alemán y austriaco. En 1917, cuando Lenin tomó el poder y negoció la paz con Alemania, las unidades checas que habían luchado en Rusia se vieron aisladas y envueltas en la Revolución soviética. Huyeron a través de Siberia, luchando contra grupos de bolcheviques por el camino. A su regreso a Praga, recibieron una acogida entusiasta.

Castillo de Praga

6 Bohemia llegó al poder cuando se estableció la diócesis en el Castillo de Praga (Pražský hrad), en el siglo x. En el siglo xiv, el emperador Carlos IV eligió Praga como capital. Dos siglos más tarde, los emperadores Fernando II y Rodolfo II de Habsburgo establecieron aquí sus cortes. La historia de este lugar se narra en la exposición «Historia del Castillo de Praga» (ver pág. 120).

Hradčanské náměstí, Praga 1 • *hrad.cz* • 224 372 423 • Cerrado 24 de diciembre • Metro: Malostraňská • Tranvía: 22, 23

Art nouveau y cubismo en Praga

Adéntrate en el arte decorativo checo de principios del siglo xx antes de descubrir el distintivo estilo arquitectónico moderno de la ciudad.

❺ Casas de Vyšehrad (ver pág. 37). El arquitecto Josef Chochol construyó un conjunto de seis casas en estilo cubista, con muchos ángulos y formas geométricas divertidas.

❹ Plaza Jungmann (ver pág. 37). La farola de esta tranquila plaza es un símbolo del cubismo checo. Camina hacia el sur por Jungmannova hasta la Plaza de Carlos (Karlovo náměstí). Camina hacia el este por Resslova y gira hacia el sur por Rašínovo nábřeží.

Rudo
Starom
Klementir
Betlémská kap
Nár
diva
MOST
LEGIÍ
MASARYKOVO NÁBŘEŽÍ
JIRÁSKŮV
MOST
Tančící dům
Ka
ná
NO
MĚ
SMÍCHOV
Anděl
VLTAVSKÁ
NÁDRAŽÍ
SVORNOSTI
Moldova
RAŠÍNOVO NÁBŘEŽÍ
Vyšehradské hradby
0   500 metros   ❺
Bazilika svate
Petra a P
Smíchovské
nádraží

❶ Ayuntamiento (ver págs. 36, 59-60). Las salas de esta joya del *art nouveau* presentan una rica variedad de frescos, muebles y luces, así como una sala completa inspirada en Mucha. Camina por Hybernská y gira a la derecha en Wilsonova.

O NÁBŘEŽÍ
Klášter sv. Anežky České

dovské muzeum

Kostel sv. Jakuba
❶ Ayuntamiento
(Obecní dům)

KŘIŠŤANCI

Florenc

Stavovské
divadlo

seo Mucha
vo muzeum)
❸

Hlavní
nádraží
❷ Estación Central
(Hlavní nádraží)

Můstek

ITALSKÁ

❶ Plaza Jungmann
(Jungmannovo náměstí)

Muzeum

RIEGROVY
SADY

Národní
muzeum

arlovo
áměstí

JEČNÁ

NÁMĚSTÍ
MÍRU

I.P. Pavlova

LEGEROVA
SOKOLSKÁ

NUSELSKÝ MOST

SEKANINOVA

JAROMÍROVA

HRAD   ČIKLOVA

Vyšehrad

otunda
v. Martina

VISITAS RÁPIDAS

❷ Estación Central (ver pág. 36). Admira la cúpula de la estación, bellamente decorada, que se alza sobre el concurrido vestíbulo y los andenes. Toma el ascensor o las escaleras mecánicas hasta el nivel del vestíbulo y sal en Washingtonova. Camina por Růžová, gira a la izquierda en Jindřiškáy luego a la derecha en Panská.

MUCHA   MUSEUM

❸ Museo Mucha (ver págs. 37 y 169). Situado en el barroco Palacio Kaunický, el museo celebra la vida y la obra del maestro indiscutible del *art nouveau*. Dirígete hacia el oeste por Na Příkopě y gira a la izquierda en Plaza Jungmann (Jungmannovo náměstí).

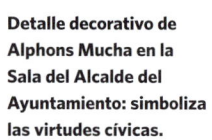

Ayuntamiento

1 Admira el tesoro de la arquitectura *art nouveau* en una visita guiada de una hora por los salones y espacios más pequeños (se requiere reserva previa; consulta la página web). Algunas de las características del Ayuntamiento (Obecní dům) son las paredes con espejos y las luces de la antigua **pastelería**, los murales, las lámparas de araña de cristal y las mesas de mármol del **Salón Moravo-Eslovaco**, y el estuco del **Salón Oriental**. La **Sala del Alcalde,** circular, está adornada con las exquisitas decoraciones de Alphonse Mucha: la luz se filtra a través de la vidriera con flores y palomas azules, mientras que el fresco del techo *Concordia Eslava* y los murales celebran el heroísmo checo y el deseo de unidad eslava.

Náměstí Republiky 5, Praga 1 • *obecnidum.cz* • 222 002 101 • Tour: 390-590 czk • Metro: Náměstí Republiky • Tranvía: 3, 5, 8, 9, 14, 24

Detalle decorativo de Alphons Mucha en la Sala del Alcalde del Ayuntamiento: simboliza las virtudes cívicas.

Estación Central

2 El primer tren llegó a la estación principal de tren (Hlavní nádraží) de Praga en diciembre de 1871, reconstruida por el arquitecto Josef Fanta en 1901-1909 en estilo secesión. Sube al piso superior para ver la cúpula dorada con escudos heráldicos, restaurada. En la zona inferior se encuentra la **Fantova kavárna**, también restaurada, donde podrás tomar un café mientras disfrutas de las estatuas, las vidrieras y la entrada de la estación, con figuras semidesnudas envueltas en telas y alrededor de un arco.

Wilsonova 8, Praga 2 • *cd.cz* • Servicio de atención al cliente 221 111 122 • Metro: Hlavní nádraží • Tranvía: 2, 5, 9, 15, 17, 23, 26

Museo Mucha

3 Este pequeño museo (Muchovo muzeum) dedicado a Alphons Mucha, uno de los exponentes más célebres del sensual *art nouveau*, alberga carteles, cuadros, dibujos y fotografías. Podrás ver miles de sus hermosas muchachas eslavas con cabello ondulado y una suave decoración floral. No te pierdas las piezas más curiosas, como la fotografía tomada en su estudio parisino del pintor Paul Gauguin, sin pantalones, tocando el armonio.

Panská 7, Praga 1 • *mucha.cz* • 224 216 415 • 350 czk • Abierto de 10:00 a 18:00 h • Metro:Můstek • Tranvía: 3, 5, 6, 9, 14, 24

Plaza Jungmann

4 Esta farola angular de hormigón en una esquina de Jungmannovo náměstí es una parada obligatoria para los amantes de la arquitectura cubista. Diseñada por Emil Králíček, es la única farola cubista del mundo.

Jungmannovo náměstí, Praga 1 • Metro: Můstek • Tranvía: 3, 5, 6, 9, 14, 24

Casas de Vyšehrad

5 Ángulos, formas achaparradas y colores terrosos identifican este grupo de seis casas cubistas de principios del siglo xx, al pie del promontorio de Vyšehrad. Las tres casas de **Rasínovo nábřeží 6-10** tienen buhardillas y frontones. **Villa Kovarovic** (Kovařovicova vila), en la esquina de Libušina (*n.º 3*), tiene un jardín cubista con una valla metálica y una escalera. Camina hasta el final de Libušina y gira a la derecha en Neklanova. Las fachadas de los edificios de apartamentos de **Neklanova 30** y **Neklanova 2** se caracterizan por sus formas piramidales y angulares, que crean un efecto de luces y sombras. Las seis casas son obra de Josef Chochol, quien trasladó los planos descompuestos y las formas del arte cubista a la arquitectura, creando un estilo checo propio.

Rašínovo nábřeží, Praga 2 • Metro: Karlovo náměstí • Tranvía: 2, 3, 4, 10, 16

Praga en un fin de semana con niños

Tigres malayos, marionetas y un antiguo castillo forman parte de la aventura del primer día de un fin de semana en familia.

Zoo de Praga

3 **Castillo de Praga** (ver págs. 41, 118-124). El tesoro real, las coloridas vidrieras historiadas, las armaduras, las armas medievales y un museo de juguetes son algunas de sus muchos atractivos para los niños.

4 **Isla de Kampa** (ver págs. 41 y 102). Explora el parque fluvial de la isla, su parque infantil y sus esculturas gigantes. Dirígete hacia el norte, cruza el Puente de Carlos y continúa hacia el noreste.

PODBABSKÁ

PAPÍRENSKÁ

ZELENÁ

JUGOSLÁVSKÝCH PARTYZÁNŮ

TERRONSKÁ

ANTONÍNA ČČERMÁKA

ROOSEVELTOVA

WOL

BUBENEČSKÁ

BUBENEČ

Dejvická

ČESKOSLOVENSKÉ ARMÁDY

SVATOVÍTSKÁ

Hradčanská

PEVNOSTNÍ

JELENÍ

Castillo de Praga
(Pražský hrad) **3**

Malostra

Kostel Panny Marie Vítězné

Isla de Kampa

JARDINES KINSKÝ

VÍTĚZN

VISITAS RÁPIDAS

1 Zoo de Praga (ver pág. 40). Diviértete en la selva tropical indonesia o pasea con las jirafas en la reconstrucción de una sabana africana en uno de los zoológicos más grandes y modernos de Europa. Toma el autobús 112 o 224 (o el Zoobus de abril a septiembre) y baja en la parada de metro Nádraží Holešovice, luego toma el tranvía 1 o 25 y baja en la parada del recino ferial.

2 Recinto Ferial (ver págs. 40-41 y 159-160). El histórico recinto ferial de la ciudad alberga un parque de atracciones y un acuario. Toma el tranvía 17 hasta Čechův most y luego el 18 hasta Malostranská.

5 Teatro Nacional de Marionetas (ver pág. 41). Vive una aventura única e inolvidable. El teatro cuenta con un amplio repertorio de espectáculos con historias para todas las edades, y cada marioneta es una pequeña y preciosa obra de arte.

Un dragón de Komodo de diez días, parte del programa de cría de especies en peligro de extinción.

Zoo de Praga

1 Situado en un recodo del Moldava, en el valle frente al centro, el Zoo de Praga ocupa un extenso terreno boscoso y cubierto de prados. Está organizado para que puedas acercarte a los animales, muchos de los cuales se encuentran en zonas valladas que reproducen, en la medida de lo posible, su hábitat natural. El zoológico ha elaborado un programa de protección y se ocupa de especies en peligro, como la tortuga de Galápagos, la salamandra gigante china, el cocodrilo gavial y el caballo de Przewalski.

U Trojského zámku 120, Praga 7 • *zoopraha.cz/en* • 296 112 230 • 3-15 años 250 ckz, adultos 330 czk • Metro: Nádraží Holešovice, luego autobús 112 o 224 (o Zoobus de abril a septiembre) • Barco fluvial (abril-octubre), transbordador (todos los días)

Recinto Ferial

2 El **parque de atracciones** del Recinto Ferial (Výstaviště) en Holešovice cuenta con montañas rusas, una noria y coches de choque. En marzo, durante la Feria de San Mateo (Matějská pout'; *cerrado lu.*), el parque se amplía para incluir más de cien atracciones.

El acuario **Mundo Marino** (Mořský svět: *morsky-svet.cz, 7 36 649 558, 440 czk*) es de interés tanto para adultos como para niños.

Areál Výstaviště 67, Praga 7 • *vystavistepraha.eu* • 702 128 232 • Metro: Nádraží Holešovice • Tranvía: 1, 6, 17, 25, 36

Castillo de Praga

3 Cada hora se celebra el cambio de guardia en la entrada principal. La exposición sobre la historia del castillo (ver pág. 120) incluye un juego para los niños: viajando atrás en el tiempo, asumen el papel de ayudantes de uno de los personajes históricos relacionados con el parque del castillo.

Hradčanskénáměstí, Praga 1 • 224 372 423 • *hrad.cz* • Cerrado 24 de diciembre • Metro: Malostranská • Tranvía: 22, 23

Isla de Kampa

4 Esta zona de la Ciudad Vieja está separada de Malá Strana por un antiguo molino y el Canal del Diablo (Čertovka). Los niños pueden divertirse en el parque infantil de Čertovka. En el Museo de Kampa (ver pág. 167) se encuentran las estatuas de un caballo rojo con jinete y tres niños gigantes de bronce.

U Sovových mlýnů 2, Praga 1 • *museumkampa.com* • 257 286 148 • 350 czk • Metro: Malostranská • Tranvía: 20, 22

Teatro Nacional de las Marionetas

5 No te pierdas el emocionante y hermoso espectáculo de marionetas. En este teatro (Divadlo Říše loutek), con una sala renovada, se representan increíbles historias para niños, perfectas también para adultos. El repertorio es muy rico y variado, ideal para toda la familia.

Žatecká 1, Praga 1 • *riseloutek.cz* • 222 324 565 • de octubre a abril • Metro: Staroměstská

INFORMACIÓN **TURÍSTICA**

En verano se puede ir al zoo con el crucero fluvial de 75 min de la Prague Steamboat Company por el Moldava (*praguesteamboats.com, 734 761 003, de abril a septiembre, 190-290 czk solo ida*). Las vistas del *skyline* desde el agua son fabulosas. Los barcos salen del muelle RašinovoNÁBŘEŽÍ de Nové Město hacia la Isla del Emperador (Císařský Ostrov), cerca del zoo, y con parada intermedia en el Puente Čech (Čechůvmost).

Praga en un fin de semana con niños

Visita la antigua Praga desde tres perspectivas diferentes en un recorrido que también incluye un paseo en bote de remos y un reloj mágico.

❷ Puente de Carlos (ver págs. 44, 54-55). Construido entre los siglos xiv y xv, es el puente más antiguo y pintoresco de Praga. Al llegar al extremo oriental del puente, gira a la derecha y camina una manzana hacia el sur, hasta la pequeña península de Novotného lávka.

Malostranská

VALDŠTEJNSKÁ

Valdštejnský palác

Rudolfinum

MÁNESŮV MOST

LETENSKÁ

NERUDOVA

MALOSTRANSKÉ NÁMĚSTÍ

Staroměs

Vratislavský Palác

Kostel sv. Mikuláše

MOSTECKÁ

Puente de Carlos (Karlův most)

Barca a p por el M

KARMELITSKÁ

SCHÖNBORNSKÁ ZAHRADA

Kostel Panny Marie Vítězné

MALTÉZSKÉ NÁMĚSTÍ

Kampa

❷

MALÁ STRANA

LOBKOVICKÁ ZAHRADA

SEMINÁŘSKÁ ZAHRADA

Nostický palác

Muzeum Bedřicha Smetany

❸

SMETANOVO NÁBŘEŽÍ

Ca Sla

Zrcadlové bludiště

Čertovka

Colina de Petřín (Petřínské sady)

❶

Lanová dráha

Ú JEZD

Střelecký ostrov

PETŘÍNSKÉ SADY

VÍTĚZNÁ

MOST LEGIÍ

Národní divadlo

0   600 metros

Slovanský ostrov (Žofín)

MASARYKOVO NÁBŘEŽÍ

ZAHRADA KINSKÝCH

NÁMĚSTÍ KINSKÝCH

ŠTEFÁNIKOVA

JANÁČKOVO NÁBŘEŽÍ

ZBOROVSKÁ

Dětský ostrov

Podolí

V BOTANICE

JIRÁSKŮV MOST

❶ Colina de Petřín (ver págs. 44 y 103). Toma el funicular para llegar a la cima de la colina de Petřín y explora el parque más grande de Praga. Busca la salida del laberinto o sube a la gran torre de acero, luego baja a Malá Strana pasando por Vlašská y continúa por Mostecká.

PRAGA CON NIÑOS, DÍA 2   DISTANCIA: 3,5 KM
DURACIÓN: 6-7 H   ESTACIÓN DE METRO: MALOSTRANSKÁ

⑤ Azotea de Kotva (ver págs. 45 y 152). Desde la azotea de los grandes almacenes Kotva podrás disfrutar de otra vista espectacular de Praga y encontrarás también un parque infantil y una cafetería al aire libre.

④ Plaza de la Ciudad Vieja (ver págs. 45 y 62-65). Admira el Reloj Astronómico y luego sube a la torre del Ayuntamiento de la Ciudad Vieja para contemplar la antigua Praga desde las alturas. Sal de la plaza por Celetná. En Náměstí Republiky, gira a la izquierda y camina hasta el extremo norte de la plaza.

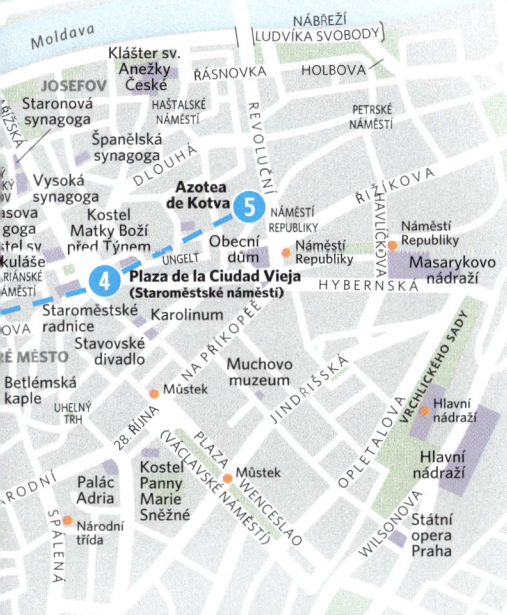

③ Barca a pedales por el Moldava (ver pág. 45). Alquila un bote a pedales y pasa una hora en el río admirando el horizonte medieval de Praga. Sigue la ribera del río una manzana al norte y gira al este hacia Karlova.

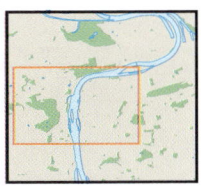

Centro de Praga
Ver ampliación arriba

Colina de Petřín

1 Sube de la medieval Malá Strana hasta la cima de la colina de Petřín (el funicular volverá a funcionar en 2026), y luego da un paseo por esta zona elevada. Si te parece que no estás lo suficientemente alto, sube a la Torre Panorámica (Petřínská rozhledna), una Torre Eiffel en miniatura. En el parque se puede montar en ponis, hay un observatorio y un laberinto de espejos.

Karmelitská, Praga 1 • *dpp.cz/en/the-petrin-funicular* • 296 191 817 • 120 czk • Metro: Malostranská • Tranvía: 20, 22

Puente de Carlos

2 El Puente de Carlos (Karlův most), que cruza el río Moldava con sus dieciséis arcos, es uno de los más espectaculares del mundo. Es famoso por sus torres góticas en ambos extremos y las treinta estatuas de santos colocadas a lo largo de las balaustradas. Los niños tocan el altorrelieve de San Juan Nepomuceno que hay bajo su estatua y piden un deseo.

Křižovnické náměstí, Praga 1 • Metro: Staroměstská • Tranvía: 1, 2, 12, 17, 18

El laberinto de espejos en la colina de Petřín.

Barca a pedales por el Moldava

3 Explora el río a bordo de un hidropedal amarillo con forma de pato, disponible para alquilar (por hora) en Novotného lávka. Desde aquí tendrás que pedalear por el río bajo la atenta mirada del Castillo de Praga a lo lejos.

Novotného lávka 1, Praga 1 • *lavka.cz* • 221 082 299 • 300 czk/h para la barca a pedales, información en el 774 991 119 • Cerrado de noviembre a abril • Metro: Staroměstská • Tranvía: 14, 17, 18

Plaza de la Ciudad Vieja

4 Corazón de la ciudad desde hace un milenio, esta amplia plaza empedrada (Staroměstské náměstí) está repleta de gente día y noche. Observa a los músicos callejeros, a los tragafuegos y a las estatuas vivientes. Acércate al Reloj Astronómico (Orloj) a la hora exacta, cuando la Muerte toca la campana para convocar la procesión de los doce apóstoles, en la fachada del Ayuntamiento de la Ciudad Vieja (Staroměstská radnice). A continuación, sube a la torre (si lo deseas, en ascensor) para disfrutar de la vista.

Staroměstské náměstí 1/3, Praga 1 • *prague.eu/it* • 221 714 714 • Torre: 200-300 czk • Metro: Staroměstská • Tranvía: 17, 18

Azotea de Kotva

5 Desde la terraza de la azotea de los grandes almacenes Kotva se puede disfrutar de otra fabulosa vista panorámica. El edificio está actualmente cerrado por reformas, pero volverá a abrir en 2027 manteniendo su forma original con las icónicas torres de hormigón y las estructuras hexagonales de estilo brutalista.

Náměsti Rep. 8 • *od-kotva.czo*, Praga 1 • 224 801 691 • Cerrado por reformas hasta 2027 • Metro: Náměstí Republiky

DÓNDE **COMER**

■ **U KRÁLE BRABANTSKÉHO**
Restaurante temático medieval cerca del Castillo de Praga, en Hradčany. el menú ofrece principalmente carne y verduras a la parrilla, pero la verdadera atracción es el espectáculo medieval de espadachines, tragafuegos, tamborileros y bailarinas del vientre en un ambiente fantasmal a la luz de las velas. **Thunovská 15, 602 524 725, €€-€€€**

■ **VYTOPNA RAILWAY RESTAURANT**
En este restaurante temático del ferrocarril de la Plaza de Wenceslao, en Nové Město, las bebidas llegan a la mesa a bordo de simpáticos trenecitos. El amplio menú incluye pasta, pollo, carne roja, pescado, sopas, ensaladas y deliciosos postres. También hay un menú especial para niños. **Václavské náměstí 56, 775 444 554, €€-€€€**

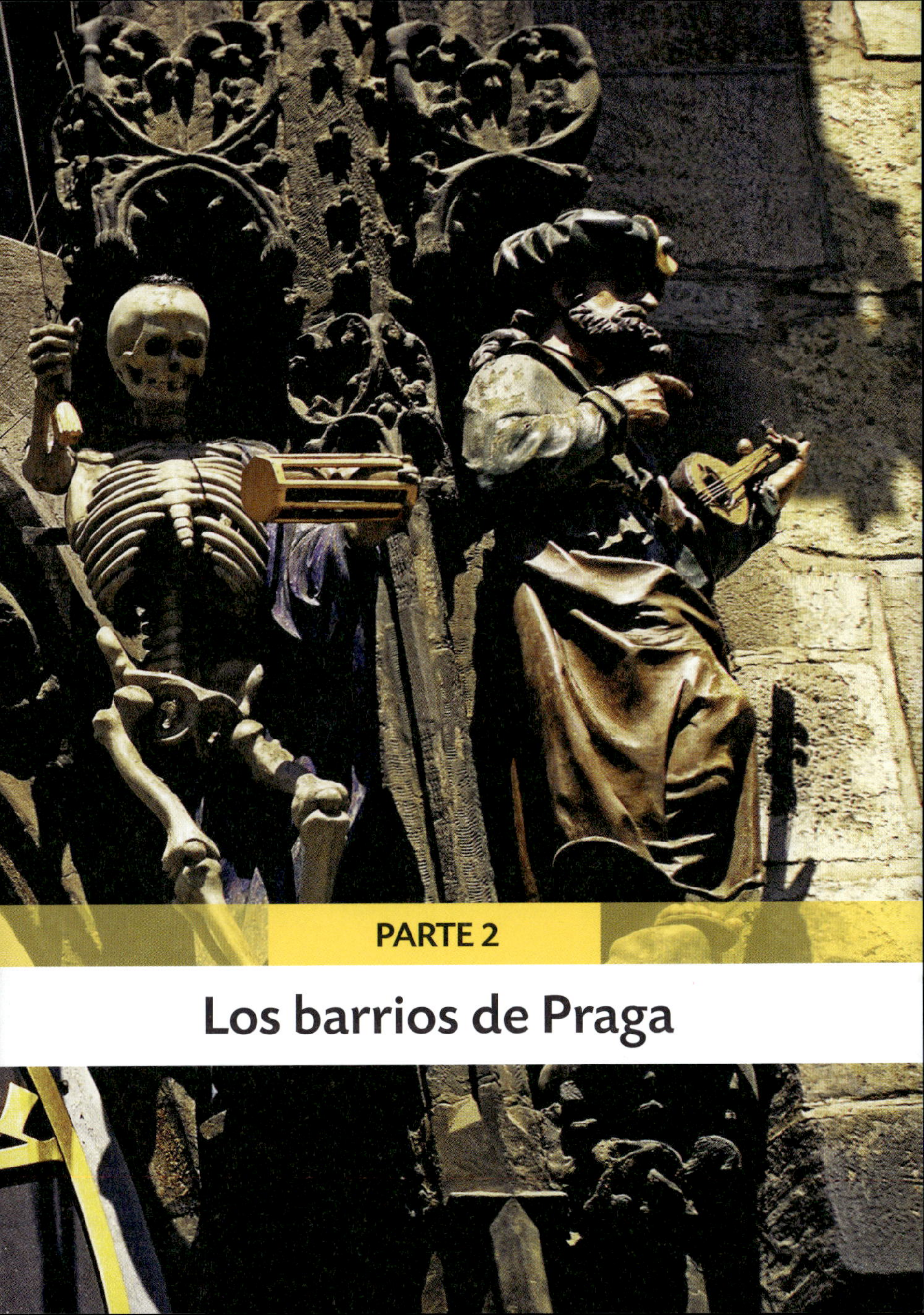

PARTE 2

Los barrios de Praga

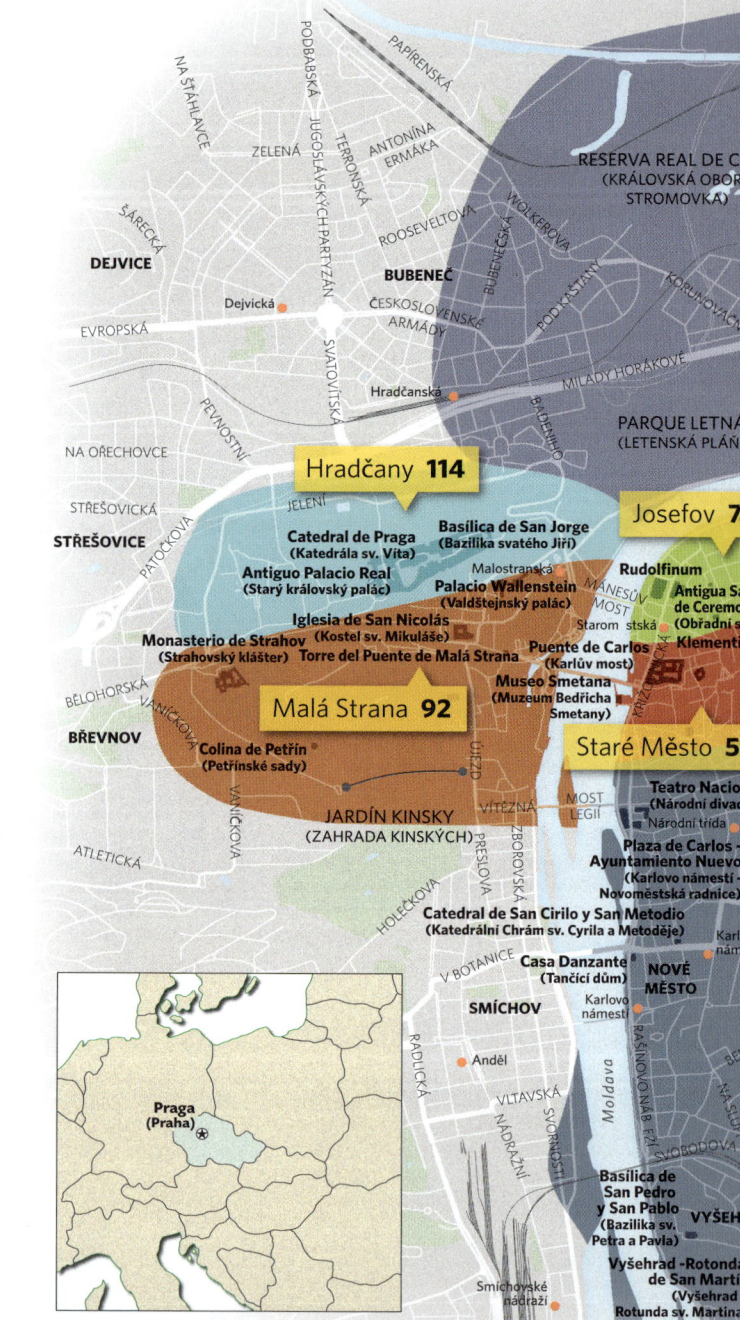

PODBABSKÁ

PAPÍRENSKÁ

NA ŠTÁHLAVCE

ZELENÁ

JUGOSLÁVSKÝCH PARTYZÁN

TERRONSKÁ

ANTONÍNA ERMÁKA

WOLKEROVA

BUBENEČSKÁ

RESERVA REAL DE CA
(KRÁLOVSKÁ OBORA
STROMOVKA)

ŠÁRECKÁ

ROOSEVELTOVA

POD KAŠTANY

KORUNOVAČNÍ

DEJVICE

BUBENEČ

Dejvická

ČESKOSLOVENSKÉ
ARMÁDY

MILADY HORÁKOVÉ

EVROPSKÁ

SVATOVÍTSKÁ

Hradčanská

BADENIHO

PARQUE LETNÁ
(LETENSKÁ PLÁŇ)

NA OŘECHOVCE

PEVNOSTNÍ

STŘEŠOVICKÁ

JELENÍ

Hradčany 114

Josefov 7

STŘEŠOVICE

PATOČKOVA

Catedral de Praga
(Katedrála sv. Víta)

Antiguo Palacio Real
(Starý královský palác)

Basílica de San Jorge
(Bazilika svatého Jiří)

Malostranská

Palacio Wallenstein
(Valdštejnský palác)

Rudolfinum

**Antigua Sal
de Ceremon
(Obřadní síň**

BĚLOHORSKÁ

VANÍČKOVA

Monasterio de Strahov
(Strahovský klášter)

Iglesia de San Nicolás
(Kostel sv. Mikuláše)

Torre del Puente de Malá Strana

MÁNESŮV
MOST

Starom stská

Puente de Carlos
(Karlův most)

Klementin

BŘEVNOV

VANÍČKOVA

Malá Strana 92

Museo Smetana
**(Muzeum Bedřicha
Smetany)**

KŘIŽOVN

Colina de Petřín
(Petřínské sady)

Staré Město 50

ATLETICKÁ

ÚJEZD

VÍTĚZNÁ

MOST
LEGIÍ

**Teatro Nacion
(Národní divadl**

JARDÍN KINSKY
(ZAHRADA KINSKÝCH)

PRESLOVA

ZBOROVSKÁ

Národní třída

**Plaza de Carlos -
Ayuntamiento Nuevo
(Karlovo náměstí -
Novoměstská radnice)**

HOLEČKOVA

Catedral de San Cirilo y San Metodio
(Katedrální Chrám sv. Cyrila a Metoděje)

Karlovi
náme

V BOTANICE

Casa Danzante
(Tančící dům)

**NOVÉ
MĚSTO**

SMÍCHOV

Karlovo
náměstí

RADLICKÁ

Anděl

VLTAVSKÁ

NÁDRAŽNÍ

SVORNOSTI

Moldau

RAŠÍNOVO NÁB. FR.

BEN

NA SLUPÍ

SVOBODOVA

**Praga
(Praha)**

**Basílica de
San Pedro
y San Pablo
(Bazilika sv.
Petra a Pavla)**

VYŠEHR

Smíchovské
nádraží

**Vyšehrad -Rotonda
de San Martín
(Vyšehrad -
Rotunda sv. Martina)**

Los barrios de Praga

Recinto Ferial
(ýstaviště Praha)

eria Nacional
eletržní palác)

seo Técnico Nacional
rodní technické muzeum)

Holešovice 154

nvento de Santa
és de Bohemia
áŝter sv. Anežky České)

ílica de Santiago
zilika sv. Jakuba)

Ayuntamiento - Torre de la Pólvora
(Obecní dům – Prašná brána)

Casa de la Madona Negra
(Dům U Černé Matky Boží)

ro Estatal
ovské divadlo)

Nové Město 136

Museo Nacional
(Národní muzeum)

PALMOVKA

LIBEŇSKÝ MOST

DĚLNICKÁ

JATEČNÍ

Vltavská

BUBENSKÉ NAB EŽÍ

B EŽÍ EDVARDA BENEŠE

Florenc

ROHANSKÉ NÁBŘEŽÍ

Moldava

ROHANSKÉ NÁBŘEŽÍ

KARLÍN

KŘIŽÍKOVA

PERUFROVA

COLINA VÍTKOV

KALIŠNICKÁ

HUSITSKÁ

PROKOPOVA

SEIFERTOVA

OLŠANSKÁ

Hlavní nádraží

Hlavní nádraží

Můstek

SLAVÍKOVA

ONDŘÍČKOVA

ŽIŽKOV

JIČÍNSKÁ

Muzeum

RIEGROVY SADY

Flora

VINOHRADSKÁ

VINOHRADSKÁ

Jiřího z Poděbrad

SLEZSKÁ

I.P. Pavlova

NÁMĚSTÍ MÍRU

KORUNNÍ

Náměstí Míru

BENEŠOVSKÁ

RUSKÁ

FRANCOUZSKÁ

ESTONSKÁ

KODAŇSKÁ

28. PLUKU

HAVLÍČKOVY SADY

MOSKEVSKÁ

VRŠOVICKÁ

VRŠOVICKÁ

0

1000 metros

NUSELSKÁ

Vyšehrad

TÁBORSKÁ

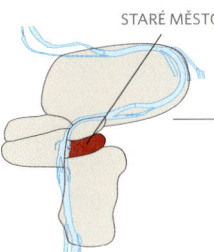

Staré Město

Rodeado de una palpable atmósfera de antigüedad, el corazón medieval de Praga es un mundo aparte de la Europa moderna, e incluso del resto de la capital checa. Favorecida por el floreciente comercio y el Gobierno real, la Staré Město (Ciudad Vieja) comenzó como una ciudad fortificada limitada al norte y al oeste por el río Moldava y al este y al sur por las murallas que hoy se alzan en las calles Revoluční, Na Příkopě («sobre el Foso») y Národní. La Plaza de la Ciudad Vieja (Staroměstské náměstí) sigue siendo el centro de la capital, una convergencia de una maraña de calles adoquinadas, marcadas por sombrías agujas góticas y pasadizos característicos. Atajos a través de arcos ricamente decorados conducen a espacios estrechos bordeados por muros de piedra, sótanos y patios interiores. Caminando por las calles medievales te verás recompensado con iglesias y palacios meticulosamente decorados, galerías pintorescas, cafés y tiendas.

◄ **La romántica Staré Město invita a ser descubierta por los visitantes que caminan por el Puente de Carlos.**

Staré Město

La animada Ciudad Vieja te transportará al pasado con sus palacios, capillas y pubs subterráneos a lo largo de sus calles medievales.

❺ Palacio Clam-Gallas (ver pág. 57). A pesar de estar situado en una calle lateral, este palacio barroco es fácilmente reconocible por su rica fachada. Continúa caminando hacia el este por Karlova.

❶ Puente de Carlos (ver págs. 54-55). Entra en Staré Město como lo hizo el emperador Carlos IV, cruzando el puente del siglo XIV que lleva su nombre. Gira a la derecha en Smetanovo nábřeži.

Mapa:
Staroměstská
KAPROVA
STARÉ MĚSTO
KŘIŽOVNICKÁ
PLATNÉŘSKÁ
MARIÁNSKÉ NÁMĚSTÍ
Clementinum
Puente de Carlos (Karlův most)
KŘIŽOVNICKÉ NÁMĚSTÍ
❹
❺
Palacio Clam-Gall (Clam-Gallasovský pa
KARLOVA
Moldava
❶
❷
HUSOVA
Museo Smetana (Muzeum Bedřicha Smetany)
0   200 metros
Capilla de Belén (Betlémská kaple)
❸

❷ Museo Smetana (ver pág. 55). Visita el santuario dedicado al compositor Bedřich Smetana y disfruta de la vista del río. Continúa por Anenská y gira a la izquierda en Liliová.

❸ Capilla de Belén (ver pág. 56). Observa las líneas de esta gran capilla del siglo XIV, que se eleva sobre los demás edificios medievales. Vuelve a Liliová y dirígete a Karlova.

❹ Clementinum (ver págs. 56-57). Pasea por los patios de este antiguo colegio jesuita. Camina hacia el este por Karlova y gira a la izquierda en Husova.

STARÉ MĚSTO
DURACIÓN: 6 H APROX.
DISTANCIA: 3,2 KM
ESTACIÓN DE METRO: STAROMĚSTSKÁ

6 Plaza de la Ciudad Vieja (ver págs. 62-65). Respira profundamente el ambiente de esta amplia plaza repleta de lugares históricos. Camina hacia el este durante una manzana.

7 Basílica de Santiago (ver págs. 58-59). Admira el interior ricamente decorado de este santuario barroco. Continúa hacia el sur por Rybná y gira a la izquierda en Celetná.

MASNÁ

Basílica de Santiago
(Bazilika sv. Jakuba)

7

RYBNÁ

Plaza de la Ciudad Vieja
(Staroměstské náměstí)

6

Ayuntamiento - Torre de la Pólvora
(Obecní dům - Prašná brána)

8

CELETNÁ

Casa de la Madonna Negra
(Dům U Černé Matky Boží)

9

ŽELEZNÁ

OVOCNÝ TRH

MELANTRICHOVA

MÚTRICHOVA

10 **Teatro Estatal**
(Stavovské divadlo)

RYTÍŘSKÁ

HAVELSKÁ

Můstek ●

8 Ayuntamiento y Torre de la Pólvora (ver págs. 59-60). Observa las extravagantes decoraciones *art nouveau* del Ayuntamiento. El edificio está conectado a una torre medieval que formaba parte de las murallas de la Ciudad Vieja. Continúa una manzana hacia el oeste por Celetná.

10 Teatro Estatal (ver pág. 61). Imagina este elegante teatro barroco en la época de Wolfgang Amadeus Mozart.

9 Casa de la Madona Negra (ver pág. 60). Es el primer edificio cubista de Bohemia en cuanto a su arquitectura y su diseño interior. Sigue caminando hacia el suroeste por Ovocný trh.

El bajorrelieve de San Juan Nepomuceno en el Puente de Carlos: se dice que tocarlo da buena suerte.

Puente de Carlos

Diseñado por el arquitecto Peter Parler por encargo del emperador Carlos IV, el Puente de Carlos (Karlův most), con sus dieciséis arcos, cruza el Moldava desde 1402. Construido con bloques de granito ensamblados con mortero, ha demostrado ser extraordinariamente sólido, dañado únicamente durante una serie de inundaciones en el 1890. Las estatuas de los santos situadas en el puente son en su mayoría copias del siglo XIX de los originales esculpidos por maestros como Matthias Braun y Jan Brokoff, añadidas con fines propagandísticos durante la Contrarreforma a favor de los gobernantes católicos de Bohemia. Una de las pocas estatuas originales es la de **San Juan Nepomuceno** (ver recuadro de la pág. 55), la octava desde Malá Strana y reconocible por la aureola de cinco estrellas. Los visitantes tocan el bajorrelieve de bronce de debajo que, según la tradición popular, garantizaría el regreso a Praga. Desde lo alto de la **Torre del Puente de la Ciudad Vieja** se disfruta de una hermosa panorámica, mientras que en el **Museo del Puente de Carlos** (Muzeum Karlova mostu; *Křižovnické náměstí 3, muzeumkarlovamostu.cz, 170 czk*) se ilustran las ingeniosas soluciones arquitectónicas adoptadas por los constructores del siglo XIV.

UNA **CURIOSIDAD**

Juan Nepomuceno, uno de los santos nacionales, fue el confesor de la esposa del rey Wenceslao IV. Según la leyenda, el rey ordenó que el sacerdote fuera arrojado desde el Puente de Carlos porque se había negado a revelarle la confesión de la reina, y en el lugar donde se ahogó apareció un grupo de estrellas.

Křižovnické náměstí, Praga 1 • 734 709 865 • Metro: Staroměstská • Tranvía: 17, 18

Museo Smetana

2 Este pequeño museo (Muzeum Bedřicha Smetany), situado junto al Puente de Carlos, fue fundado en 1936 para rendir homenaje a uno de los compositores bohemios más admirados. Bedřich Smetana compuso obras y poemas sinfónicos, entre los que destaca *Má vlast* (*Mi patria*), una obra en seis poemas; los checos consideran uno de esos poemas, *El Moldava*, como un segundo himno nacional. El museo expone manuscritos, escenografías, bocetos de vestuario y fotografías relacionadas con la vida y la obra de Smetana, y solo el edificio en sí ya vale el precio de la entrada. Antiguamente sede del acueducto de la Ciudad Vieja, esta impresionante estructura neorrenacentista de 1883-84 goza de las mejores vistas del río, ya que la ciudad se ve rodeada por tres lados.

Novotného lávka 1, Praga 1 • *nm.cz* • 221 082 288 • 70 czk • Cerrado ma. • Metro: Staroměstská • Tranvía: 17, 18

Boceto original de un traje del Museo Smetana para la ópera *La novia vendida*.

UNA **CURIOSIDAD**

Algunas de las estatuas más bellas de la Ciudad Vieja de la época barroca son obra del escultor Matthias Braun. Nacido en Suiza en 1684, se formó en Viena y en Italia y, después de 1710, se estableció en Praga. Sus figuras, que cobran vida a través de líneas suaves y movimientos fluidos, parecen luchar contra sus propios sentimientos, al auténtico estilo barroco. Algunas de sus obras pueden verse en el **Palacio Clam-Gallas** (ver pág. 57) y en la **Iglesia de San Clemente** (*Karlova 1*), que alberga unas 170 piezas entre estatuas y esculturas de madera. Son suyas las estatuas de San Ivo, Santa Ludmila y Santa Lutgarda en el **Puente de Carlos** (ver págs. 54-55). En los últimos años, Braun enfermó de tuberculosis y, cuando murió, en 1738, su sobrino Antonín Braun se hizo cargo del taller.

Capilla de Belén

3 Terminada en 1394, la Capilla de Belén (Betlémská kaple) es el resultado del compromiso político que permitió que floreciera en Praga el movimiento checo proto-protestante fundado y dirigido por Jan Hus (ver el recuadro de la pág. 64). Las autoridades católicas no permitieron a los reformadores construir una iglesia, por lo que esta casa sorprendentemente moderna, utilizada como lugar de culto, fue declarada oficialmente capilla. Demolida en 1786, fue reconstruida en 1950 y hoy alberga 3000 asientos. Desde sus inicios, la capilla fue un hervidero revolucionario, con misas celebradas en checo en lugar de en alemán (como era habitual para los fieles bohemios). Aquí Jan Hus dirigió la congregación desde 1402 hasta que entró en conflicto con las autoridades en 1413. Se recomienda encarecidamente asistir a una misa o a un concierto.

Betlémské náměstí 4, Praga 1 • bethlehemchapel.eu • 234 678 790 • Metro: Můstek • Tranvía: 2, 9, 18, 22

Clementinum

4 Este vasto complejo de iglesias y edificios históricos fue fundado por los jesuitas en 1556. Cuando fueron expulsados de Bohemia por la emperatriz María Teresa de Habsburgo a mediados del siglo XVIII, los monjes crearon una universidad, una biblioteca y un observatorio. Hoy en día, el Clementinum alberga la Biblioteca Nacional de la República Checa. Las entradas Křižovnická y Karlova conducen a tranquilos patios interiores, pero para admirar las ricas salas barrocas, es necesario realizar una visita guiada que comienza en la entrada Karlova. En la planta baja se encuentra la **Capilla de los Espejos** (1724), con frescos de Johann Hiebl y un techo de estuco con paneles de espejo. Este espacio ricamente decorado acoge conciertos diarios de música de cámara. En la planta superior se encuentra la **Biblioteca Barroca** (1722), con un techo de trampantojo pintado por Johann Hiebl y estanterías con libros encuadernados en cuero. En la Torre Astronómica (68 m de altura), los visitantes pueden subir a la terraza, a 52 m, para disfrutar de la vista. Justo debajo se encuentra el laboratorio con instrumentos y dispositivos astronómicos que registran la temperatura exterior desde 1752, lo que la convierte en una de las estaciones meteorológicas más antiguas de Europa Central.

Mariánské náměstí 5, Praga 1 • *nkp.cz* • 222 220 879 • 380 czk • Metro: Můstek, Staroměstská • Tranvía: 17, 18

Palacio Clam-Gallas

5 En una ciudad repleta de edificios del siglo XVIII, el imponente Palacio Clam-Gallas (Clam-Gallasův palác, 1713-1719) representa el barroco tardío. La fachada está adornada con esculturas monumentales de Matthias Braun. Está abierto al público para conciertos en febrero y agosto, cuando se puede subir la gran escalera con las esculturas de Braun y el techo pintado por Carlo Carlone, visitar las salas de la planta superior y echar un vistazo a la fuente del Moldava de Václav Prachner. El palacio alberga el Archivo de la Ciudad de Praga y exposiciones temporales.

Husova 20, Praga 1 • *muzeumprahy.cz* • 605 488 064 • Metro: Staroměstská • Tranvía: 17, 18

Esculturas en la entrada del Palacio Clam-Gallas.

Plaza de la Ciudad Vieja

6 Ver págs. 62-65.

Staroměstské náměstí, Praga 1 • *prague.eu/en* • 221 714 714 •
Metro: Staroměstská • Tranvía: 17, 18

Basílica de Santiago

7 Los altísimos techos de esta iglesia, que no pueden pasar
desapercibidos ya que es la más grande de Praga después de
la Catedral de San Vito, garantizan una acústica excepcional para los
conciertos de órgano y de otros instrumentos que se celebran
después de la misa dominical y algunas noches entre semana.
A primera vista, sin embargo, los visitantes de la Basílica de Santiago
(Bazilika sv. Jakuba) quedan impresionados por la épica escultura
del *Otoño* en la fachada, añadida en el siglo XVIII, y por el **objeto
momificado** (aparentemente un brazo humano) colgado justo

El restaurante francés del Ayuntamiento sirve cocina contemporánea en un ambiente *art nouveau*.

después de la entrada. Según la leyenda,
la extremidad pertenecía a un ladrón que intentó
robar las joyas que adornaban una estatua de la
Virgen, pero la escultura cobró vida de repente y
lo agarró por un brazo, obligándolo a amputárselo
para poder huir. El «brazo» se expuso como
advertencia para cualquiera que tuviera
intenciones criminales. Las más de veinte capillas
laterales son muy bonitas, en particular la rica
tumba del conde Jan Vratislav z Mitrovic,
un influyente canciller bohemio que fue
enterrado aquí en el siglo XVIII.

Malá Štupartská 6, Praga 1 • *praha.minorite.cz* • 224 828 816 •
Cerrado lu. • Metro: Náměstí Republiky • Tranvía: 2, 6, 8, 15, 23

Ayuntamiento y Torre de la Pólvora

8 Es difícil esperar que el Ayuntamiento
(Obecní dům), construido entre 1905 y
1912, sea una auténtica joya del *art nouveau*.
Sin embargo, alberga una clásica cafetería
centroeuropea con techos altos donde se sirven
pasteles deliciosos, una galería en la segunda
planta utilizada para exposiciones temporales (parte de la colección
art nouveau checa y europea del Museo de Artes Decorativas) y,
en la primera planta, la amplia **Sala Smetana**, sede de la Orquesta
Sinfónica de Praga. En esta histórica sala se oficializó el nacimiento
del Estado soberano de Checoslovaquia, el 28 de octubre de 1918.
Se ofrecen visitas guiadas por las salas y los salones de conferencias
los días en que el edificio no está alquilado a particulares (las fechas
y los horarios de las visitas se anuncian en la página web con un mes
de antelación). Todas las noches se celebran conciertos en la Sala
Smetana, y en mayo inicia el célebre festival anual Primavera de
Praga (*festival.cz*), de música clásica. El impresionante techo
de mosaico de la sala, que representa mitos de la fundación de la

DÓNDE **COMER**

■ **COTTO CRUDO**
El primer restaurante con
estrella Michelin de la ciudad,
en el Four Seasons Hotel,
ofrece unas vistas fantásticas
del Castillo de Praga, un menú
toscano superlativo y una
excelente carta de vinos.
**Veleslavínova 2a, Praga 1, 221
426 880, €€€€€**

■ **LEHKÁ HLAVA**
El nombre significa «ideas
claras» y este restaurante
vegetariano es un templo de la
salud con platos ligeros con
ingredientes de temporada.
**Boršov 2, Praga 1, 222 220
665, €€-€€€**

■ **U MODRÉ KACHNIČKY**
En su acogedor comedor, sirve
platos de caza tradicionales
bohemios, como pato asado en
salsa de arándanos con raviolis.
**Michalská 16, Praga 1, 224 213
418, €€-€€€**

comunidad checa y escenas de los legionarios checoslovacos durante la Primera Guerra Mundial, solo es superado en belleza por las pinturas de Alphons Mucha en el Sala de Audiencias del Alcalde. La adyacente **Torre de la Pólvora** (Prašná brána), con sus detallados motivos góticos, es la última que queda de las fortificaciones que antaño rodeaban Staré Město. La torre, de 65 m de altura, fue construida por el rey Vladislao II entre 1475 y 1489 y se utilizó como almacén de pólvora. A 44 m de altura desde la galería panorámica, las vistas de Praga son impresionantes.

Náměstí Republiky 5, Praga 1 • *obecnidum.cz* • 222 002 101 • Visitas: 420 czk; Conciertos: según el programa • Torre de la Pólvora: 190 czk • Metro: Náměstí Republiky • Tranvía: 3, 5, 8, 9, 14, 24

Un típico jarrón cubista de cerámica a la venta en la tienda Kubista.

Casa de la Madona Negra

9 La Casa de la Madona Negra (Dům U Černé Matky Boží) es la quintaesencia de la arquitectura cubista según la elegante interpretación checa. Es una creación del arquitecto Josef Gočár, líder del movimiento modernista praguense, inaugurada en 1911 como gran almacén.

El nombre del edificio proviene de una estatua que decoraba una de las casas barrocas que originalmente se alzaban en el lugar. La escultura de la *Virgen negra con el niño*, protegida por una jaula dorada, se encuentra en la esquina noreste del primer piso de la casa. El edificio alberga el famoso **Grand Café Orient** (ver pág. 70), que cuenta con uno de los interiores cubistas más bellos del mundo, al que se accede por una elegante escalera de caracol con una barandilla minimalista en blanco y negro. La tienda **Kubista**, situada en la planta baja, vende reproducciones de vajillas cubistas, artículos decorativos, joyas, objetos de cristal, bufandas y estampados de diseñadores checos contemporáneos.

Ovocný trh 19, Praga 1 • *upm.cz* • 725 038 628 • 150 czk • Metro: Náměstí Republiky • Tranvía: 6, 8, 15, 26

Teatro Estatal

10 El elegante Teatro Estatal (Stavovské divadlo), un edificio neoclásico diseñado por Anton Haffenecker para František Antonín, conde de Nostitz Rieneck, en 1783, fue elegido por Mozart para el estreno de su famosa ópera *Don Giovanni*, en 1787. La sala, de forma ovalada y con varios pisos, es tan representativa de ese período histórico que el director Miloš Forman la utilizó ampliamente para su película de 1984, *Amadeus*. Desde entonces, ha acogido a los directores de orquesta más importantes del mundo, entre ellos Carl Maria von Weber y Gustav Mahler. Hoy en día, en el teatro, uno de los cinco de la ciudad gestionados por el Teatro Nacional, se representan óperas y espectáculos de danza clásica. En los últimos años se han llevado a cabo cuidadosas restauraciones de los palcos dorados y de la decoración azul.

Železná, Praga 1 • *narodni-divadlo.cz* • 224 901 448 • Metro: Můstek • Tranvía: 2, 9, 17, 18, 22, 23

Una escena de *Amadeus*, de Miloš Forman, rodada en el Teatro Estatal.

Plaza de la Ciudad Vieja

Este espacio público en el corazón de Staré Město conserva las huellas de al menos ocho siglos de historia.

En verano, las cafeterías al aire libre ofrecen un poco de relajación.

Esta antigua plaza del mercado se encuentra en la confluencia de todas las calles principales de Staré Město. En sus edificios se pueden ver muchos elementos arquitectónicos e históricos superpuestos, desde fachadas góticas hasta las cicatrices de la artillería de la Segunda Guerra Mundial. Los elementos decorativos dan testimonio de la resistencia bohemia al gobierno de los Habsburgo, la orgullosa adopción de la tecnológica del Renacimiento, y el espíritu de la identidad nacional checa. Explora la plaza desde el suroeste.

■ Ayuntamiento de la Ciudad Vieja y Reloj Astronómico

El Ayuntamiento de la Ciudad Vieja (Staroměstskáradnice;*Staroměstské náměstí 1, 775 400 052, prague.eu/ staromestskaradnice*) y su Reloj Astronómico (Orloj) compiten como atractivos imprescindibles junto con el Castillo de Praga y el Puente de Carlos. El reloj se encuentra en la pared de la Torre del Ayuntamiento. Fue construido por el relojero imperial Mikuláš de Kadaň en 1410, mientras que, en 1490, el maestro relojero Hanuš Růže perfeccionó sus mecanismos, creando una proeza de ingeniería única para la época. Gracias a una serie de ruedas dentadas interconectadas y complejas manecillas, el reloj muestra la hora centroeuropea, la antigua hora de Bohemia y la hora babilónica, los movimientos del Sol y los planetas alrededor de la Tierra, y los signos del zodíaco. Poco antes de que toque la hora, las figuras mecánicas que representan a la Muerte, el Turco, la Vanidad y la Avaricia comienzan a moverse mientras las ventanas sobre el reloj se abren para dejar paso a la procesión a los doce apóstoles. Desde la entrada principal del ayuntamiento se accede a la **Torre** (*300 czk*), de 70 m de altura,

construida en 1338. Desde lo alto se disfruta de una de las vistas más bonitas de la ciudad (ver pág. 152). Para llegar, sube las escaleras o toma el ascensor. El edificio alberga el principal centro de información turística (*praguecitytourism.cz*) y se organizan visitas guiadas al interior. Se empieza por la Capilla de la Virgen María, en la primera planta de la torre, donde también se pueden observar los complejos engranajes del Reloj Astronómico. A continuación, se pasa a la **Sala Municipal**, de estilo gótico tardío con un *Cristo sufriente* en madera de principios del siglo XV. Y, por último, los **subterráneos**, un auténtico laberinto que se extiende bajo la calle.

■ Iglesia de Nuestra Señora de Týn

En el lado este de la plaza se encuentra la Iglesia de Nuestra Señora de Týn

STARÉ MĚSTO

UNA **CURIOSIDAD**

El mártir y reformador religioso Jan Hus nació alrededor de 1370 y se ordenó sacerdote en 1400. Su oposición a la venta de indulgencias y otros abusos de poder de la Iglesia, así como sus duras críticas al poder por las condiciones de vida de los pobres, le llevaron a enfrentarse con las autoridades seculares y eclesiásticas. En 1410 fue excomulgado por el papa y en 1415 fue juzgado y quemado en la hoguera.

(Chrám Matky Boží před Týnem; *Staroměstské náměstí, 222 318 186, cerrado lu.*). Data de 1385 y muestra la influencia de los arquitectos Matías de Arrás (el mismo arquitecto de la Catedral de San Vito) y Peter Parler. Sus torres se elevan 80 m por encima de la plaza. En el interior se pueden admirar los altos techos abovedados,

La campana de piedra que da nombre a la casa homónima, hoy una de las sedes de la Prague City Gallery.

las paredes de estuco rosa adornadas con detalles rococó, el fabuloso órgano de tubos construido en 1673 por Heinrich Mundt, y un elaborado retablo de Karel Škréta. Entre las tumbas y capillas se encuentran las de nobles checos de gran importancia histórica. En el lado sur, cerca del ábside, busca la losa de mármol desgastada que marca la **lápida de Tycho Brahe**, astrónomo danés del emperador Rodolfo II.

■ CASA DE LA CAMPANA DE PIEDRA
El austero edificio cuadrado junto a la iglesia es la Casa de la Campana de Piedra (Dům U Kamenného zvonu; *Staroměstské náměstí 13, ghmp.cz, 224 828 245, 250 czk, cerrado lu.*). Data de finales del siglo XII y cuenta con la fachada gótica más antigua de Praga, con arcos, tracerías decorativas y ventanas altas y estrechas. Es una de las sedes principales de la **Prague City Gallery**. Las exposiciones temporales se centran en artistas jóvenes y movimientos del arte checo.

■ PALACIO KINSKÝ
Los historiadores no han determinado si fue Anselmo Lurago o Kilian Ignatz Dientzenhofer quien creó este opulento palacio rococó junto a la Casa de la Campana de Piedra, pero se

sabe que fue acabado en diez años en 1765. El exterior original fue dañado por el agua utilizada para extinguir los incendios que estallaron al final de la Segunda Guerra Mundial y ha sido reconstruido. El palacio (*Staroměstské náměstí 12, ngprague.cz, 220 301 122, cerrado lu.*) alberga exposiciones de la Galería Nacional y es conocido por haber sido el instituto donde estudió Franz Kafka.

■ IGLESIA DE SAN NICOLÁS
La Iglesia de San Nicolás (Kostel sv. Mikuláše; *Staroměstské náměstí, svmikulas.cz, 224 190 990*),
una elaborada obra barroca situada en el lado norte de la plaza, es el lugar de culto de los husitas y sede de conciertos de música de cámara de talentosos artistas praguenses. Durante las diversas ocupaciones extranjeras fue completamente saqueada.

■ ESTATUA DE JAN HUS
La Plaza de la Ciudad Vieja está dominada por la estatua de bronce de Jan Hus, con la inscripción *Pravda vítězí* («La verdad prevalece»). Es testimonio del papel central que Hus, mártir y reformador religioso, desempeñó en Bohemia (ver el recuadro de la pág. 64).

STARÉ MĚSTO

Cuadro de finales del siglo XIX de San Wenceslao en la Casa Štorch, en la Plaza de la Ciudad Vieja.

Staroměstské náměstí, Praga 1 • *prague.eu/en* • 236 002 629 • Metro: Staroměstská • Tranvía: 17, 18

Praga musical

Su reputación de excelencia musical atrae a compositores y músicos desde la Edad Media. Hoy en día, la oferta de musica clásica está presente en cada rincón, desde el grandioso Rudolfinum hasta el esplendor del Ayuntamiento. Además, todos los días se pueden escuchar conciertos de órgano y de instrumentos de cuerda en iglesias, palacios y museos de toda la ciudad.

El friso de los tres violines marca la casa de los luthiers que repararon el violín de Beethoven durante una de sus visitas a Praga. Pág. siguiente: un piano de la colección del Museo Nacional, que se dice que fue tocado por Mozart.

Los orígenes

La música checa primitiva era principalmente religiosa. A mediados del siglo XIII aparecieron cantantes formados y remunerados por la Iglesia y, tras la fundación de la Universidad Carolina de Praga en la segunda mitad del siglo XIV, Bohemia se convirtió en uno de los centros musicales más importantes de Europa. En 1583, el emperador Rodolfo II trasladó su capital de Viena a Praga. Su orquesta personal, que tocaba durante los servicios religiosos en la Catedral de San Vito, era una de las más grandes de Europa, y los expertos lo consideraban un ejemplo de perfección musical.

El esplendor barroco

Durante los siglos XVII y XVIII, Praga se ganó el título de «conservatorio de Europa». Jan Dismas Zelenka (1679-1745), nacido en Praga, pero activo en la corte de Dresde, fue el compositor más famoso de la época, a menudo comparado con Johannes Sebastian Bach. No es fácil encontrar música barroca en los programas, pero el conjunto

Collegium Marianum (*ollegiummarianum.cz*) mantiene vivo este estilo musical con sus conciertos en edificios históricos de Praga. En enero de 1787, la reputación de Praga como eminente centro musical atrajo a Wolfgang Amadeus Mozart, que dirigió *Las bodas de Fígaro* en el **Teatro Estatal** (Stavovské divadlo; ver pág. 61) y recibió tal bienvenida que regresó el 29 de octubre del mismo año para el estreno mundial de su nuevo *Don Giovanni*, en el mismo teatro. Mozart visitó la ciudad en dos ocasiones más. Su muerte, en 1791, causó un gran dolor en Praga, pues unas 4000 personas asistieron al funeral celebrado en la **Iglesia de San Nicolás** (Kostel sv. Mikuláše; ver págs. 99-100) de Malá Strana, y más de 100 músicos tocaron el *Réquiem*.

Cinco años después de la muerte de Mozart, Ludwig van Beethoven llegó a la ciudad por primera vez, alojándose en la posada del Unicornio Dorado, en Lázeňská n.º 11, en Malá Strana. Hoy en día, el edificio es un complejo de apartamentos llamado **Palacio Beethoven**, con una placa de bronce en el exterior en memoria del

compositor. En su segunda visita, en 1798, se estrenó en Praga el *Concierto para piano y orquesta n.º 1*, con Beethoven al piano.

El neonacionalismo checo

En el siglo XIX se desarrolló el movimiento neonacional checo. El Conservatorio de Praga, una de las escuelas de música más antiguas de Europa, fundada en 1808, era un gran defensor de los talentos emergentes, cuyos compositores se inspiraban en el folclore y la historia checa. En 1834, František Škroup compuso la canción *Kde domov můj* («Dónde está mi hogar»); desde 1993, la primera estrofa forma parte del himno nacional.

Las dos estrellas de la música checa, Bedřich Smetana y Antonín Dvořák, alcanzaron fama mundial durante este período. Los checos consideran a Smetana el padre fundador de su música. La sala de conciertos del **Ayuntamiento** (ver págs. 59-60) lleva su nombre, y su ciclo sinfónico *Má vlast* («Mi patria») inaugura el Festival Internacional de la Primavera de Praga, que se celebra anualmente en mayo con conciertos de orquesta, ópera y música de cámara (*festival.cz*). Dvořák, probablemente el compositor de mayor renombre internacional, es homenajeado en el **Museo Dvořák** (*Vila Amerika, Ke Karlovu 20, nm.cz, 224 497 584, cerrado lu., 70 CZK*). La colección de manuscritos, partituras, fotografías de época y epístolas incluye la partitura de su Sinfonía n.º 9, *Del Nuevo Mundo*,

En el Museo Dvořák se celebran regularmente conciertos para cuartetos de cuerda.

una grabación de la cual fue llevada por Neil Armstrong a bordo del *Apolo 11* durante su misión a la Luna.

Las agitaciones del siglo XX

Durante la ocupación nazi de la Segunda Guerra Mundial, los músicos no lo tuvieron fácil, pero el público se animaba con las interpretaciones de las obras de Smetana, Dvořák y Mozart. Tras la guerra, la energía reprimida se desató: en 1945 se fundó la Academia de Artes Escénicas y en 1946 la Asociación de Compositores Checos. En 1946 vio la luz la primera edición del Festival Primavera de Praga. En las primeras décadas del gobierno comunista se vivió una especie de libertad creativa, que fue sofocada tras la invasión que siguió al Pacto de Varsovia, en 1968.

Los conciertos

Hoy en día, los tres teatros de ópera y las salas de conciertos, como la Sala Smetana del Ayuntamiento y el Rudolfinum (ver pág. 76), acogen a compañías y solistas nacionales e internacionales. Se celebran conciertos con regularidad en muchas iglesias y palacios antiguos. El rico interior de la **Iglesia de San Egidio** (Kostel sv. Jiljí), en Staré Město, resuena con las obras de Bach, Vivaldi y Mozart, interpretadas en el órgano barroco de 1737. La Orquesta Sinfónica de Praga ofrece música de cámara en la desacralizada **Iglesia de San Simón y San Judas** (Kostel sv. Šimona a Judy). En la **Sinagoga Española** (Španělskásynagoga), se pueden asistir a programas de música checa hasta Gershwin.

SALAS **MENORES**

Capilla de Belén Conciertos regulares de música clásica. Betlémské náměstí 4 (ver pág. 56).

Iglesia de San Egidio Conciertos de órgano regulares. Husova, pragueticketoffice.com

Iglesia de San Nicolás Conciertos regulares. Plaza de la Ciudad Vieja (ver pág. 65), koncertyvpraze.eu

Iglesia de San Simón y San Judas. Varios conciertos al mes, todo el año. Dušní ulice, pragueticketoffice.com

Museo Dvořák Conciertos regulares de música de cámara. Ke Karlovu 20, pragueticketoffice.com

Clementinum Todos los días conciertos de música barroca en la Capilla de los Espejos. Karlova 1 (ver págs. 56-57), clementinumconcerts.com

Palacio Lobkowicz Todos los días conciertos de música de cámara a las 13:00 h. Jiřská 3 (ver págs. 128-129), lobkowicz.cz

Basílica de San Jorge Conciertos de jazz y música clásica. Tercer patio, Castillo de Praga (ver págs. 122-123), pragueticketoffice.com

Sinagoga Española Conciertos todas las noches. Vězeňská 1 (ver págs. 82-83), pragueticketoffice.com

STARÉ MĚSTO

La sociedad de los cafés

Los años veinte fueron la época dorada de los cafés de Praga, pero aún hoy se puede disfrutar de esta rica tradición de la ciudad. Tanto si te gustan los toques *art nouveau* del Louvre, como los lugares de encuentro intelectual como el Slavia, los *kavárnas* (cafés) son el lugar ideal para relajarse.

STARÉ MĚSTO

■ GRAND CAFÉ ORIENT
En la primera planta de la Casa de la Madona Negra (ver pág. 60), el Grand Café Orient combina lo mejor del diseño cubista y las vistas de Staré Město. Las luces, la barra y el mobiliario se basan en los diseños originales de Josef Gočár para el edificio. En verano, el estrecho balcón es un lugar ideal para observar la vida en la calle, mientras que durante todo el año se puede disfrutar de una deliciosa selección de pasteles y cafés.

Ovocný trh 19 • *grandcafeorient.cz* •224 224 240 •
Metro: Náměstí Republiky

■ MONTMARTRE
Puede que no sea fácil encontrar el Montmartre en el laberinto de calles de Staré Město. Sin embargo, al entrar, te convencerás de que has retrocedido en el tiempo, ya que el café tiene más de cien años y algunos muebles parecen originales. Sillas y mesas desparejadas, sillones recuperados de los desvanes y lámparas de pie lucen en todo su esplendor bajo los techos abovedados. Te recomendamos que vayas al Montmartre por la noche, cuando el ambiente es más animado.

Řetězová 7 • Staré Město, •601 364 137 •
Metro: Staroměstská, Můstek • Tranvía: 17, 18

■ SAVOY
Ubicado en Malá Strana, el Savoy es uno de los cafés más elegantes de Praga. Las mesas de mármol, el suntuoso techo neorrenacentista y una sala amueblada exclusivamente con botellas de vino crean un ambiente de relajada elegancia. Como restaurante, pastelería y enoteca, siempre es un lugar popular entre los praguenses para desayunar, comer o simplemente disfrutar de un café o una copa de vino.

Vítězná 5 • *cafesavoy.ambi.cz* • 731 136 144 •
Metro: Můstek • Tranvía: 22

El salón del Grand Café Orient, ideal para una pausa para tomar un café con toques cubistas.

■ LOUVRE

Uno de los cafés más queridos de Praga, el Louvre, en Nové Město, bulle de gente desde la mañana hasta entrada la noche. Su interior, decorado con techos altos, amplios ventanales y espejos, contribuye a su atmósfera majestuosa. Ubicado en la avenida principal, entre la Plaza de Wenceslao (Václavské náměstí) y el Puente de las Legiones (Most Legií), el café se encuentra en la planta superior de un edificio.

Národní 22 • *cafelouvre.cz* •224 930 949 • Metro: Národní třída, Můstek

■ SLAVIA

Inaugurado alrededor de 1880, el Slavia de Nové Město se ganó su reputación de café literario en los años veinte, cuando era frecuentado por escritores y artistas. En la época comunista era el lugar preferido del dramaturgo (y último presidente de Checoslovaquia) Václav Havel. Quizá le falte un poco de su encanto original, pero sentarse aquí, junto a una ventana con vistas al Moldava, es una buena forma de pasar la tarde.

Národní 1 • *cafeslavia.cz* •777 709 145 • Metro: Národní třída, Můstek

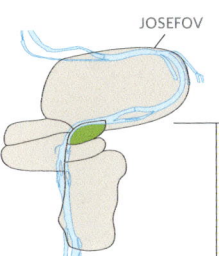

Josefov

Hoy en día, al pasear por el antiguo barrio judío, es posible que no te des cuenta de que has entrado en un barrio diferente ya que limita por tres de sus lados con Staré Město. Fundado en la Edad Media y llamado Josefov en honor al emperador José II de Habsburgo, el gueto judío era un laberinto de callejuelas, viviendas insalubres, sinagogas y talleres artesanales, siempre expuesto a los pogromos hasta finales del siglo XIX, cuando los Habsburgo decidieron demolerlo casi por completo para dar paso a amplias avenidas al estilo parisino. Hoy en día, junto a elegantes edificios de apartamentos *art nouveau*, se encuentran el Antiguo Cementerio Judío, las pocas sinagogas que quedan y los palacios que forman el Museo Judío (Židovské muzeum). En el barrio también se encuentran la sala de conciertos Rudolfinum, el Museo de Artes Decorativas y el Convento de Santa Inés, del siglo XIII, cuyos claustros albergan una rica colección de arte medieval.

◀ **La Sala de Ceremonias integra hoy parte de la colección del Museo Judío.**

Josefov

*Es uno de los antiguos guetos judíos más completos de Europa.
Cuenta con sinagogas restauradas e impresionantes edificios.*

❶ Rudolfinum (ver pág. 76). El edificio, que fue sede del Parlamento, acoge hoy a la Filarmónica Checa. Respira hondo y disfruta de su grandiosidad neoclásica de fin de siglo y de la exposición de la galería de arte. Cruza Křižovnická.

❷ Museo de Artes Decorativas (ver págs. 76-77). Este museo exhibe lo mejor del diseño y la artesanía bohemios, incluyendo objetos de cristal, joyas, relojes y tejidos. Camina hacia el sur por Křižovnická y gira a la izquierda en Široká.

❹ Sala de Ceremonias (ver la pág. 79). Este edificio neorrománico tiene un interior renacentista. Después de ver la exposición sobre las tradiciones funerarias, entra en el edificio por la derecha.

❺ Sinagoga Klausen (ver pág. 80). Los arcos desnudos y encalados de este templo enmarcan una exposición sobre la vida familiar y las costumbres judías. Camina hacia el este por Červená.

JOSEFOV

CHECHŮV MOST

DUŠNÍ

DVOŘÁKOVO NÁBŘEŽÍ

17 LISTOPADU

PAŘÍŽSKÁ

Moldava

Museo de Artes Decorativas (Uměleckoprůmyslové museum)

Rudolfinum

Sala de Ceremonias (Obřadní síň)

Sinagoga Vieja-Nueva (Staronová Syr

Ayunt Judío (Židov radnice

Sinagoga Pinkas - Antiguo Cementerio Judío (Pinkasova synagoga - Starý židovský Hřbitov)

Sinagoga Klausen (Klausová synagoga)

NÁMĚSTÍ JANA PALACHA

Sinagoga Maise (Maiselova synagoga

KŘIŽOVNICKÁ

Staroměstská

KAPROVA

❶ ❷ ❹ ❺ ❸ ❻ ❼ ❽

❸ Sinagoga Pinkas y Antiguo Cementerio Judío (ver págs. 77-79). Visita la Sinagoga Pinkas, dedicada a los judíos de Bohemia y Moravia víctimas del Holocausto. A continuación, da un paseo por el cementerio adyacente, con miles de lápidas superpuestas que datan de los siglos xv al xviii. Sal por Červená y gira a la izquierda.

**JOSEFOV LONGITUD: 3,2 KM   DURACIÓN: 6 H APROX.
ESTACIÓN DE METRO: STAROMĚSTSKÁ**

JOSEFOV

10 Convento de Santa Inés (ver págs. 84-85). Este antiguo convento cuenta hoy con la colección de arte medieval de la Galería Nacional.

Moldava

0   200 metros

NA FRANTIŠKU

ŠTEFÁNIKŮV MOST

ŘÁSNOVKA

REVOLUČNÍ

Convento de Santa Inés
(Klášter sv. Anežky České) **10**

9 Sinagoga Española (ver págs. 82-83). Templo judío con espectaculares interiores moriscos. Camina hasta el final de Vězeňská y gira a la izquierda en Kozí.

VĚZEŇSKÁ

HAŠTALSKÁ

DLOUHÁ

9
Sinagoga Española
(Španělská synagoga)

DUŠNÍ

KOZÍ

7 Ayuntamiento Judío (ver pág. 81). Resuelve el misterio del reloj que funciona al revés en este majestuoso edificio rococó junto a la Sinagoga Vieja-Nueva. Camina hacia el sur por Maiselova.

6 Sinagoga Vieja-Nueva (ver págs. 80-81). Disfruta del ambiente en el edificio gótico más antiguo (1270) que aún se conserva en el barrio. Cruza la calle.

8 Sinagoga Maisel (ver pág. 82). Admira las piezas artísticas e históricas de este rico edificio. Luego regresa a Maiselova y gira a la derecha en Široká. Continúa por Vězeňská.

Rudolfinum

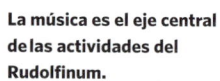

1 Este imponente centro cultural del siglo XIX es el orgullo de la ciudad, con sus paneles de nogal, vidrieras y lujosas lámparas de cristal. Desde 1919, el edificio fue sede del Parlamento checoslovaco hasta que los nazis lo clausuraron en 1939. La nueva estatua de bronce de Antonín Dvořák, ubicada frente al edificio, destaca el papel actual del Rudolfinum como importante centro musical. Accede al edificio subiendo las escaleras de la entrada y te encontrarás con la sala de conciertos, donde se celebran actuaciones musicales por las tardes y, a veces, por las mañanas. Este espacio de colores cálidos y balcones da a un escenario dominado por un magnífico órgano de tubos. Los asientos laterales son los más económicos y permiten una visión directa de la orquesta (casi compartiendo escenario con los músicos). Accediendo al edificio por la entrada que hay junto al río y cruzando el altísimo atrio, se llega a la **Galería de Arte** del Rudolfinum. Esta serie de estrechas salas con suelo de parqué, distribuidas en dos niveles, cuentan con exposiciones temporales de arte internacional, desde pintura metapolítica china hasta el erotismo persa. Por la misma entrada se accede al Café Rudolfinum, en la primera planta.

La música es el eje central de las actividades del Rudolfinum.

Alšovo nábřeží 12, Praga 1 • *rudolfinum.cz* • 227 059 227 • Galería: entrada y visita guiada a las exposiciones gratuita; visita guiada al Rudolfinum 250 czk para grupos con mínimo 5 personas • 227 059 207, cerrado lu. • Metro: Staroměstská • Tranvía: 17, 18

Museo de Artes Decorativas

2 Fundado en 1885 para celebrar las maravillas de la era industrial, el Museo de Artes Decorativas (Uměleckoprůmyslové muzeum) es un auténtico tesoro de la artesanía. Abarca un período que va desde la Edad Media hasta el siglo XX e incluye una amplia colección de cristales de Bohemia de los siglos XVII al XIX, porcelanas, relojes de mesa y de pulsera, tejidos, muebles, fotografías y arte gráfico, que se exponen de forma rotatoria. Dividido en tres niveles expositivos, el museo se abre con una escalera coronada por grandiosos arcos esculpidos. Después de subir las escaleras de la izquierda, detente a observar el reloj de mesa Popper, una pieza vienesa del siglo XVIII de caoba y mármol. Las plantas superiores, con pasillos iluminados por ventanas que ocupan toda la pared y vidrieras decoradas con motivos *art nouveau*, están dedicadas a exposiciones temporales y temáticas, y albergan las salas de las colecciones permanentes, que se están reacondicionando gradualmente. En la sección dedicada a la historia textil se exponen ricos tejidos de la corte y de la moda de los años veinte, mientras que la sección de grabados e imágenes da testimonio de la excepcional tradición fotográfica y gráfica checa.

17. listopadu 2, Praga 1 • *upm.cz* • 778 543 901 • 150/350 czk • Cerrado lu. • Metro: Staroměstská • Tranvía: 17, 18

Sinagoga Pinkas y Antiguo Cementerio Judío

3 La visita al Museo Judío (Židovské muzeum; ver recuadro de la pág. 79), que comprende seis lugares de Josefov, suele comenzar en la Sinagoga Pinkas (Pinkasova synagoga), un templo con interior

Una de las muchas vidrieras decoradas que embellecen el Museo de Artes Decorativas.

Los nombres de las víctimas del Holocausto de Bohemia y Moravia escritos a mano en las paredes de la Sinagoga Pinkas.

renacentista convertido en monumento al **Holocausto** en memoria de los judíos de Bohemia y Moravia: en las paredes interiores de la sinagoga están escritos los nombres de unas 80 000 personas, organizadas por comunidades y familias, de mayor a menor. En la planta superior, la exposición **Dibujos de los niños de Terezín** muestra los dibujos de unos 10 000 niños internados en el campo de concentración de Terezín, cerca de Praga, entre 1942 y 1944. Muchos fueron trasladados a Auschwitz y la mayoría no regresó. Entre la Sinagoga Pinkas y la sinagoga Klausen se encuentra el **Antiguo Cementerio Judío** (Starý židovský hřbitov). La *Revista National Geographic* lo ha incluido entre los diez cementerios del mundo que hay que visitar. Dentro de sus altos muros, construidos para mantener alejados a los curiosos, hay casi 12 000 lápidas apiladas. Cada lápida está decorada con una figura simbólica tallada que representa la profesión, la clase social y el nombre del difunto, aunque con el paso del tiempo las líneas se han ido desvaneciendo y el musgo cubre las superficies de granito. Busca la lápida con la figura del león que indica la tumba del rabino Löw (ver recuadro de la pág. 80), junto al sendero de la zona oeste del cementerio. Este fue un lugar de enterramiento desde principios del siglo XV hasta 1787, cuando las autoridades municipales permitieron a los judíos adquirir otros terrenos. Hasta entonces, tantas personas fueron enterradas en este cementerio que se cuentan hasta diez niveles de tumbas superpuestas.

Široká 3, Praga 1 • *jewishmuseum.cz* • 222 749 211 •
Cerrado sá. y festivos judíos •
Metro: Staroměstská • Tranvía: 17, 18

Sala de Ceremonias

4 Este edificio neorrománico con aspecto de fortaleza, construido entre 1906 y 1908, fue en su día la Sala de Ceremonias (Obřadní síň) de la Hermandad de Pompas Fúnebres, o Chevra kadisha, fundada en 1564.

INFORMACIÓN **TURÍSTICA**

El Museo Judío (Židovskémuzeum) se divide en seis sitios: el **Antiguo Cementerio Judío**, la **Sinagoga Maisel**, la **Sinagoga Pinkas**, la **Sinagoga Vieja-Nueva** y la **Sinagoga Española**. La entrada (*600 czk*) incluye los cinco lugares que forman parte del recorrido Prague Jewish Town. Se puede descargar una útil aplicación (en inglés: Jewis Prague).

Aquí se encuentra la segunda parte (la primera se expone en la Sinagoga Klausen, cerrada por reformas hasta 2028) de la exposición permanente del Museo Judío sobre las costumbres y tradiciones, relativa a enfermedades, la muerte, los entierros, los rituales de purificación, etc. Las piezas expuestas (como las urnas para las votaciones y los cuadros al óleo que representan a miembros importantes) dan testimonio de su relevancia.

La casa presenta interiores muy lujosos: suelos de mosaico, paredes decoradas con vidrieras emplomadas por las que se filtra una luz suave y melancólica. En conjunto, describen en cierta manera el esplendor que iba de la mano de la pobreza y el hacinamiento del gueto, antes de que fuera desmantelado para dar paso a las avenidas de Josefov.

U starého hřbitova 3a, Praga 1 • *jewishmuseum.cz* • 22 749 211 • Metro: Staroměstská •
Tranvía: 17, 18

UNA **CURIOSIDAD**

El rabino Löw (nombre completo: Judah Löw ben Bezalel) nació alrededor de 1520. Erudito y filósofo, fue el rabino principal de Praga y ofició en la Sinagoga Vieja-Nueva. En el siglo XIX se convirtió en el protagonista de la leyenda del Golem, el gigante de arcilla. Según la tradición, el rabino moldeó al Golem con sus propias manos y luego le dio vida para proteger el gueto de los ataques.

Sinagoga Klausen

5 Otra superviviente del desmantelamiento del gueto es la sinagoga Klausen (Klausová synagoga), de finales del siglo XVII, el templo judío más grande de la comunidad. Hoy, su nave barroca, rodeada de ventanas geminadas y con una bóveda de temática floral con minuciosos detalles, alberga la primera parte de la exposición del Museo Judío sobre costumbres y tradiciones, centrada en las prácticas religiosas, la vida cotidiana y las tradiciones relacionadas con el nacimiento, la circuncisión, el *bar mitzvá*, el matrimonio y el divorcio. Los cuadros que representan las prácticas en el lecho de muerte y los rituales funerarios de la Hermandad de Pompas Fúnebres confieren sobriedad a los elegantes interiores. El edificio está actualmente cerrado por una amplia remodelación y volverá a abrir sus puertas en 2028.

U starého hřbitova 3a, Praga 1 • *jewishmuseum.cz* • 222 749 211 • Cerrado por reformas • Metro: Staroměstská • Tranvía: 17, 18

Sinagoga Vieja-Nueva

6 Aunque no forma parte del Museo Judío, este tesoro histórico es el lugar religioso más importante del barrio, así como una joya de la arquitectura bohemia. Originalmente llamada Sinagoga Nueva, pasó a llamarse Sinagoga Vieja-Nueva (Staronová synagoga) cuando se construyó otra cercana. Probablemente sea el único edificio de Praga que ha estado en uso desde el siglo XIII, y hoy es una de las tres sinagogas en las que todavía se celebran servicios religiosos. Situada en una esquina frente a la calle comercial Pařížská, esta austera sinagoga gótica con su tejado escalonado de ladrillo sigue siendo el centro del culto judío. En su interior, sus riquezas son más evidentes: al atravesar el portal decorado con motivos de racimos de uvas y hojas de vid, se accede a la impresionante sala de doble nave iluminada por candelabros de hierro suspendidos y coronada por bóvedas de crucería pentapartita, una característica única. En la sinagoga se pueden ver los muebles medievales, entre los que destacan los bancos de piedra y una reja de hierro forjado del siglo XV que rodea el *amud,* es decir, el púlpito desde el que el rabino lee los pasajes de la Torá durante los oficios religiosos.

Červená, Praga 1 • *synagogue.cz* • 224 800 812 • Entrada y visita guiada: 500 czk (incluye el *tour* por el barrio judío de Praga) • Cerrado sá. y festivos judíos • Metro: Staroměstská • Tranvía: 17, 18

Ayuntamiento Judío

7 Aún hoy, el Ayuntamiento Judío (Židovská radnice) administra activamente la comunidad judía de Praga y es testigo del renacimiento de lo que fue uno de los grupos étnicos más vitales de Bohemia. A menos que tengas que hacer algún trámite, solo podrás verlo desde fuera. El edificio se encuentra aquí desde 1586. Fue el alcalde Mordecai Maisel, a quien se dedica la calle, quien encargó la construcción del palacio municipal, cuya principal curiosidad son sus dos relojes. El reloj tradicional de la torre muestra la hora estándar, mientras que el reloj con caracteres hebreos, situado más abajo y encastrado en el techo, va al revés.

El movimiento aparentemente contradictorio del reloj inferior cobra sentido si se piensa que los caracteres hebreos, que indican tanto las letras como los números, se leen de derecha a izquierda, lo que explica el movimiento de las manecillas en sentido antihorario.

Maiselova 18, Praga 1 • Metro: Staroměstská • Tranvía: 17, 18

El reloj inferior del Ayuntamiento con caracteres hebreos.

DÓNDE **COMER**

■ **DINITZ**

El restaurante *kosher* más importante de Praga gusta a todos por sus especialidades y sus versiones del *hummus*, las ensaladas de Oriente Medio y los banquetes de Shabat cocinados a la perfección. **Bílkova 12, 222 244 000, €€-€€€**

■ **KOLONIAL**

Íntimo café con temática ciclista que prepara deliciosos desayunos a partir de las 08:00 h los días laborables (no te pierdas el *strudel*). Sirve cocina mediterránea hasta medianoche. **Široká 6, 224 818 322, €€-€€€**

■ **V KOLKOVNĚ**

Pato, cerdo, *chucrut* y raviolis para acompañar con una cerveza Pilsner Urquell bien fría en este animado *pub*-restaurante de estilo retro. **V Kolkovně 8, 224 819 701, €€-€€€**

Sinagoga Maisel

8 La Sinagoga Maisel (Maiselova synagoga), caracterizada por una alta fachada blanca con un elaborado rosetón, puede considerarse la más grandiosa de las seis que hay en Josefov. Construida en 1592 por orden del alcalde judío Mordecai Maisel, hoy alberga la exposición más completa del Museo Judío, que ilustra la historia de los asentamientos judíos en Bohemia y Moravia desde el siglo x hasta su emancipación bajo el emperador José II de Habsburgo en el siglo xviii. Manuscritos judíos medievales, objetos ceremoniales sagrados, copas de plata, monedas y otros objetos de la exposición pueden consultarse a través de dispositivos táctiles especiales. El aspecto neogótico del edificio, encajado incoherentemente entre dos manzanas de apartamentos, se remonta a una radical reestructuración realizada durante el desmantelamiento del gueto. Del proyecto renacentista original solo se conservan la disposición de tres naves de la sala central y los matroneos de la planta superior.

Maiselova 10, Praga 1 • *jewishmuseum.cz* • 222 749 211 • Cerrado sá. y festivos judíos • Metro: Staroměstská • Tranvía: 10, 17, 18

Sinagoga Española

9 La Sinagoga Española (Španělská synagoga) recibió este nombre debido a su diseño en un llamativo estilo morisco, popular en el siglo xix. Con su elegante fachada blanca y amarilla, arcos moriscos, torretas coronadas con cúpulas verdes y almenas triangulares, no desentonaría entre los edificios de una antigua ciudad española. En la entrada te recibirá la famosa estatua de Franz Kafka, obra del escultor checo Jaroslav Róna. El interior,

El interior de la Sinagoga Española está completamente revestido de estuco dorado.

que alberga un reluciente órgano de tubos, es una vertiginosa profusión de estuco arabesco y estilizados motivos orientales que cubren las cúpulas y arcos de tonos turquesa y cobre. Las galerías de la planta superior albergan una exposición sobre la historia judía (casi una continuación natural de la de la Sinagoga Maisel), desde el siglo XVIII hasta mediados del XIX. Al anochecer, la sinagoga ofrece conciertos de música tradicional judía (*pragueticketoffice.com*).

En la parte trasera, la **Galería Robert Guttmann** (*U Staré školy 3, jewishmuseum.cz, cerrado por reformas*) exhibe arte judío de museos de todo el mundo y exposiciones de arte visual contemporáneo.

Vězeňská 1, Praga 1 • *jewishmuseum.cz* • 222 749 211 • Cerrado sá. y festivos judíos • Metro: Staroměstská • Tranvía: 17, 18

Convento de Santa Inés

10 Ver págs. 84-85.

U Milosrdných 17, Praga 1 • *ngprague.cz* • 778 725 086 • 250 czk • Cerrado lu. • Metro: Staroměstská • Tranvía: 6, 8, 15, 17

Convento de Santa Inés

En los edificios austeros de este sitio de la Galería Nacional
se conservan espléndidas obras de arte.

La colección permanente de arte medieval del convento incluye numerosos retablos.

Fundado en 1231 por Inés, hermana del rey Wenceslao I, el Convento de Santa

Inés (Klášter sv. Anežky České) alberga la amplia colección de arte medieval

bohemio y centroeuropeo de la Galería Nacional. Junto a una esbelta iglesia

de piedra y otros edificios que en su día formaron el convento, se encuentran

las salas que exponen arte checo de los siglos XII al XVI, con estatuas,

polípticos y retablos. Las obras son en su mayoría de artistas desconocidos,

por lo que se referencia la ciudad en la que desarrollaron su actividad.

JOSEFOV

■ GÓTICO BOHEMIO

La serie inicial de salas, en la primera planta, alberga una colección de retablos y estatuas de madera de vírgenes y santos, en parte deterioradas por los gusanos, que reflejan o el animado estilo pictórico de la escuela gótica francesa de Reims o el realismo del escultor y arquitecto Peter Parler. Entre las obras maestras de mediados del siglo XIV destaca la bellísima **Ascensión de Cristo,** una pintura sobre tabla que forma parte del políptico del Maestro de Vyšší Brod. El abuloso panel de la **Resurrección,** del Maestro del políptico de Třeboň (1380), muestra la influencia del gótico internacional, y la **Virgen de San Vito** (1395-1415) es un ejemplo de refinado gótico «cortesano».

■ TEODORICO DE PRAGA

Misteriosa figura del gótico bohemio, el maestro Teodorico fue pintor de la corte del emperador Carlos IV. Realizó casi 130 retratos para el palacio de verano de Karlštejn, seis de los cuales se exponen aquí, entre ellos **Santa Catalina** y **Carlomagno** (ambos de 1360-1364). Los rasgos estilísticos tan

peculiares (individuos sin cuello, con expresiones valientes y sumisas, como si escucharan susurros angelicales) caracterizan su obra y distinguen sus retratos de otros de la misma época.

■ GRANDES TRÍPTICOS

En la última sala se exponen obras de entre los siglos XV y XVI, sobre todo grandes trípticos. Se trata de retablos que tenían la función de educar a los campesinos analfabetos en los preceptos religiosos y morales: de derecha a izquierda representan advertencias de demonios aterradores, muertos que caminan y ejércitos de ángeles. El tríptico más significativo es la épica **Santísima Trinidad** del Maestro de Litoměřice.

JOSEFOV

U Milosrdných 17, Praga 1 • *ngprague.cz* • 778 725 086 • 250 czk • Cerrado lu. • Metro: Staroměstská • Tranvía: 6, 8, 15, 17

El patrimonio judío

Algunos relatos históricos sitúan la llegada de los colonos judíos a las tierras que se convertirían en Bohemia en un período anterior al año 33 d. C., mucho antes de la llegada de los eslavos desde Asia en el siglo VIII. En el siglo XII, los judíos de Praga fundaron un barrio en Staré Město: su comunidad creció hasta convertirse en una de las más importantes de Europa y, hasta el Holocausto, fue uno de los pilares de la sociedad checoslovaca.

Estatua de bronce del escritor judío Franz Kafka, nacido y residente en Praga, en el exterior de la Sinagoga Española.
Página siguiente: el Antiguo Cementerio Judío.

Opresión y emancipación

Tras el edicto de emancipación de la comunidad judía promulgado por el emperador José II en 1781, el antiguo gueto pasó a llamarse Josefov en su honor. En épocas anteriores, la creciente población había sido confinada en esta zona, formada por estrechas callejuelas y casas adosadas. La situación comenzó a cambiar a finales del siglo XVI y principios del XVII, cuando el emperador Rodolfo II nombró a su banquero personal, el alcalde Mordecai Maisel, líder y benefactor de la comunidad judía, e incluyó a varios eruditos judíos en su séquito. Cuando se empezó a desmantelar el gueto, en 1893, muchas familias judías ya se habían trasladado. La comunidad conservó el cementerio, las sinagogas y otros edificios que hoy forman el Museo Judío (ver recuadro de la pág. 79).

El Holocausto

Tras la anexión de Checoslovaquia en 1938, los nazis promulgaron leyes antisemitas. En septiembre de 1941, Reinhard Heydrich, impulsor de la «solución final», se convirtió en gobernador del Protectorado de Bohemia y Moravia e inició las deportaciones al campo de concentración de Terezín (Theresienstadt). Fueron deportados unos 45 500 judíos praguenses, conmemorados en la Sinagoga Pinkas (Pinkasova synagoga; ver págs. 77-79).

La comunidad judía hoy

En 1994 el Museo Judío fue devuelto a la comunidad. Hoy, solo en la Sinagoga Vieja-Nueva (Staronová synagoga; ver págs. 80-81) se han reanudado las funciones religiosas, mientras que en la Sinagoga Española (Španělská synagoga; ver págs. 82-83) se celebran las reuniones de la víspera del Shabat. La Comunidad Judía de Praga (*kehilaprag.cz*) apoya a los supervivientes del Holocausto y lucha por la restitución de propiedades confiscadas durante la guerra.

GLOSARIO **DE LA SINAGOGA**

Amud: púlpito elevado desde el que el rabino lee los pasajes de la Torá.

Aron ha-kodesh: arca de la Torá, normalmente oculta por cortinas decoradas, en la parte frontal del templo.

Jumash: los cinco libros de la Torá, o Pentateuco, en forma de libros impresos y no de rollos, utilizados para las lecturas semanales.

Mejitzah: divisorio que separa a los hombres de las mujeres en las sinagogas ortodoxas sin matroneo.

Yad: puntero de plata en forma de mano con un dedo índice alargado, utilizado para leer los pasajes de la Torá.

De compras por el barrio

Desde principios del siglo xx, cuando los praguenses hicieron suyos el modernismo, los atrevidos movimientos artísticos y la alta costura parisina, la ciudad se convirtió en el destino de quienes buscaban un estilo excepcional. ¿Las mejores compras? Objetos de cristal, granate y artesanía de excelencia.

■ ESTILO PRAGUENSE

Las pocas manzanas al este de Pařížská en Josefov, y al sur de Široká, se han convertido en la meca de la alta costura. Desde la década de 1990, los diseñadores checos han abierto media docena de *boutiques* que rivalizan con las famosas tiendas de Londres y Nueva York. **Tatiana** (*Dušní 1, Praga 1, tatiana.cz, 605 257 191, cerrado do.*) vende ropa diseñada por Tat'ána Kovaříková, quien la ha expuesto en el Museo de Artes Decorativas: elegantes vestidos de mujer confeccionados con telas de alta calidad, muy apreciados por las celebridades checas.

La cercana **Boheme** (*Dušní 8, Praga 1, boheme.cz, 224 813 840, cerrada do.*) ofrece refinados conjuntos y prendas sueltas monocromáticas. **Navarila** (*Vodičkova 10, Praga 1, navarila.cz, 732 654 311*) se dirige a una clientela más joven, amante de los jerséis retro, en una gama cromática provocativa.

Los hombres tampoco se aburrirán mientras compran en Praga gracias a los bonitos sombreros de fieltro de **Tonak** (*Žatecká 14, Praga 1, tonak.cz, 734 519 959*). Para terminar, una de las tiendas más *cool* de Praga, **Space** (*Jáchymova 2, Praga 1, spacepraga.com, 725 100 317*), normalmente llena de jóvenes checos en busca de algo diferente. Las prendas, procedentes de casas de moda locales e internacionales, son preciosas, desde chaquetas envejecidas hasta camisas de colores vivos. Los trajes de mujer son fruto de la colaboración con la principal especialista checa en piel y peletería, Ivana Mentlova.

■ CRISTALES

Karen Feldman, estadounidense residente en Praga desde hace muchos años, ha creado un espacio que combina lo mejor del arte tradicional del vidrio checo con los motivos

JOSEFOV

Moser es un referente en la venta de cristales de Bohemia desde hace más de 160 años.

favoritos de los diseñadores. En la tienda de diseño **Artěl** (*U Lužického 7, Praga 1, artelglass.com, 251 554 008*), en Staré Město, las piezas a la venta son de cristal soplado tradicional, pero decoradas con grabados o motivos clásicos a la vez que innovadores, producto de una nueva generación de artistas checos. **Moser**, en cambio, la cristalería de Bohemia del siglo XIX por excelencia (*Na Příkopě 12, Praga 1, moser.com, 224 211 293*), en el centro comercial Černá Ruže, en el límite entre Staré Město y Nové Město, sigue en funcionamiento y sigue vendiendo finas piezas que se pueden encontrar en casas reales y palacios por toda Europa.

■ JOYAS

La tradición checa de la joyería y el tallado de piedras preciosas se remonta a la Edad Media, pero recientemente ha recibido un fuerte impulso gracias al trabajo de diseñadores comprometidos con la creación de piezas únicas. Una nueva generación de tiendas, como el colectivo de diseñadores **PARAZIT** (*Karlova 25, Praga 1, parazit.cz, 731 171 517, cerrado do.*), en Staré Město, ofrece tesoros como las extravagantes creaciones de Jelení.

El adorno por excelencia de los reyes y reinas de Bohemia eran los granates y, hoy en día, estas piedras semipreciosas rojas se venden en todas las tiendas de Praga. Por lo general, las gemas están engastadas en plata u oro, en joyas de formas geométricas, florales o con rasgos de criaturas fantásticas.

La principal joyería, que en su día fue estatal, es **Granát Turnov** (*Dlouhá 28, Praga 1, granat.cz, 222 315 612*), tiene varios puntos de venta, también en Staré Město, aunque no hay mucha diferencia en precios y calidades.

■ OBJETOS DE DECORACIÓN
En 2006, la diseñadora Josefina Bakošová abrió **Harddecore Gallery** (*Senovážné nám. 10, Praga 1, harddecore.cz, 775 417 230, cerrado do.*) como espacio conceptual y multifuncional para la búsqueda de nuevos talentos del diseño, la moda y la orfebrería. Desde 2017 forma pareja con Anna-Maria Zwyrtek y juntas han decidido cambiar el concepto y la filosofía de Harddecor, transformándolo en un *showroom* de la marca JB-«Tears of fashion», en colaboración con otros diseñadores cuidadosamente seleccionados.

Si no has quedado satisfecho, prueba **BACKYARD** (*U Obecního dvora 2, Praga 1, back-yard.cz., 605 894 096*), un espacio compartido por un colectivo de quince diseñadores contemporáneos que ofrece joyas,

ropa y accesorios: desde collares de Nastassia Aleinikava hasta chaquetas únicas hechas con vaqueros reciclados de Restore by Acarin. La estructura incluye una sala de exposiciones, talleres de joyería, una cafetería y un espacio para espectáculos y presentaciones de nuevas colecciones.

El cubismo, una obsesión checa, no solo se expresa en la arquitectura, sino que también puede transformar objetos cotidianos, como una tetera, en impresionantes obras de arte. Visita **Kubista**, en Staré Město, en la planta baja de la Casa de la Madona Negra (ver pág. 60), donde los muebles y objetos cubistas, únicos en Praga – hechos de metal, papel, tela, cerámica y vidrio–, son una tentación para los amantes del género.

■ MARIONETAS ARTESANALES
Las marionetas son una tradición checa que se remonta al barroco, cuando los teatros eran muy populares y los artesanos eran maestros en la creación de figuras versátiles y manejables que parecían tener vida propia. En los mercados al aire libre de Havelská encontrarás muchas marionetas, pero suelen ser producidas en serie y no duran. Los artículos artesanales de **Marionetas de Truhlář** (Marionety Truhlář; *Boleslavskà 16,*

Las marionetas tradicionales de Truhlář están talladas a mano.

Vinohrady, Praga 3, marionety.com, 606 924 932), en cambio, son otra cosa. La tienda en U Lužického semináře cerró después de veintisiete años. El estudio y el taller, aunque en otro barrio, siguen existiendo y son de visita obligada si quieres hacerte con de marionetas de madera de formas extrañas que solo carpinteros expertos son capaces de crear. En los cursos de los sábados impartidos por Pavel Truhlář podrás crear tu marioneta.

■ PRODUCTOS TRADICIONALES
Las estanterías de **Manufaktura** (*Melantrichova 17, Praga 1,* *manufaktura.cz, 601 310 611*) están repletas de utensilios de cocina, artículos para el hogar y juguetes hechos a mano que parecen haber sido traídos aquí desde un pueblo checo atemporal. Esta cadena de tiendas tiene puntos de venta en Malá Strana y Staré Město, así como en el aeropuerto (por si te olvidas de comprar ese regalo especial en el último momento). Los artículos más populares van desde porcelana hasta té, pasando por joyería local y productos ecológicos. También venden jabones, lociones, velas y productos capilares y cosméticos, para hombres y mujeres.

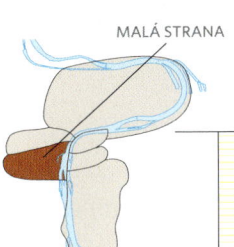

Malá Strana

Extendiéndose a lo largo de la orilla izquierda del Moldava, desde el Castillo de Praga hasta la colina de Petřín, Malá Strana (barrio pequeño) es la contrapartida idílica de Staré Město. En el siglo XIII se fundó un asentamiento bajo el castillo, pero fue destruido por un incendio en 1541, lo que dio lugar a una oleada de reconstrucciones barrocas, sin parangón en Europa tanto por su variedad como por su técnica. Las estrechas calles, bordeadas de altas fachadas, conducen a palacios aristocráticos y a la iglesia barroca más bella de la ciudad. Quienes llegan a la colina de Petřín en funicular son recibidos por un laberinto de espejos, creado en 1891, y por el Observatorio Štefánik, que data de antes de la Segunda Guerra Mundial. Grafitis del siglo XX decoran parte de una plaza del siglo XVIII, que fue elegida por el director checo Miloš Forman como escenario para su película *Amadeus*, de 1984.

◄ **La Sala de Filosofía, de dos plantas, en la biblioteca del Monasterio de Strahov.**

Malá Strana

Este barrio de palacios, jardines, cafés, talleres y callejuelas empedradas era el lugar donde vivían los verdaderos bohemios.

❶ Torre del Puente de Malá Strana (ver pág. 96). Del 1464, la torre gótica del Puente de Carlos, en la parte de Malá Strana, recibe ceremoniosamente a los turistas que llegan desde la orilla izquierda. Inmediatamente después de la torre, gira a la derecha.

❷ U Lužického Semináře (ver págs. 96-97). Regresa al pasado paseando por este laberinto medieval de talleres, establos y rampas para barcas. Gira a la izquierda en Letenská y busca una entrada por el muro hacia la derecha.

❸ Palacio Wallenstein (ver pág. 97). Disfruta de los jardines barrocos del general imperial austriaco Albrecht von Wallenstein, con una gruta artificial. Sal del palacio por la Plaza Wallenstein (Valdštejnský náměstí) para llegar a la calle Nerudova.

ÚVOZ

DLABAČOV

Monasterio de Strahov (Strahovský klášter)

⑩

STRAHOVSKÁ ZAHRADA

SCHÖNBORNSKÁ ZAHRADA

LOBKOVICKÁ ZAHRADA

MALÁ STRANA

HLADOVÁ ZEĎ

Colina de Petřín (Petřín)

⑨

Torre de Observación de Petřín (Petřínská rozhledna)

PETŘÍNSKÉ SADY

0   400 metros

❿ Monasterio de Strahov (ver págs. 104-107). Visita el monasterio y su famosa biblioteca barroca y disfruta de las espectaculares vistas de la ciudad.

❾ Colina de Petřín (ver pág. 103). Esta colina con un laberinto de espejos, un observatorio y una pequeña Torre Eiffel es uno de los destinos más populares de la ciudad entre los niños y las parejas. Sigue el sendero del noroeste hacia Strahov y dirígete a la entrada principal del monasterio, en el lado oeste.

MALÁ STRANA   **DISTANCIA: 3,2 KM**   **DURACIÓN: 6 H APROX.**
ESTACIÓN DE METRO: MALOSTRANSKÁ

4 **Calle Nerudova** (ver págs. 98-99). A lo largo de esta calle se encuentran los antiguos letreros de las casas más bonitas de Praga; después de recorrerla, vuelve por la colina y gira a la derecha en el lado este de la Plaza Malá Strana.

5 **Iglesia de San Nicolás** (ver págs. 99-100). Es sorprendente contemplar el exuberante barroco de la Iglesia de San Nicolás, que domina la Plaza Malá Strana. Camina hacia el sur por Karmelitská.

6 **Jardín Vrtba e Iglesia de Nuestra Señora de la Victoria** (ver pág. 100). Esta iglesia, relativamente tranquila, es popular entre los peregrinos que desean ver la venerada estatua del Niño Jesús de Praga. Cruza la calle y gira a la derecha en Prokopská.

8 **Isla de Kampa** (ver pág. 102). Elige entre visitar un museo de arte moderno o relajarte bajo los árboles en la pradera de hierba junto al río. Regresa a Karmelitská y toma el funicular para subir a la colina de Petřín.

7 **Plaza de Malta** (ver págs. 101-102). Rinde homenaje a los Beatles: sus fans, en un acto de disidencia anterior a 1989, pintaron el rostro de John Lennon en la pared de una iglesia, en el lado sur de la plaza. Da un paseo por el parque.

Torre del Puente de Malá Strana

1 En el lado de Malá Strana del Puente de Carlos (ver págs. 54-55) se eleva esta robusta torre con techo en forma de cuña y cuatro pináculos. Sus muros, de piedra y ladrillo, están decorados con motivos ornamentales. Originalmente, la Torre de Malá Strana era de estilo románico, pero en 1464, inspirándose en la Torre del Puente de Staré Město de Peter Parler, el rey bohemio Jorge de Poděbrady la mandó reformar en el estilo gótico que se puede ver hoy, modificando el edificio original. El **museo** de la Torre de Malá Strana alberga una exposición sobre el papel del Puente de Carlos en la historia de Praga. Desde el **mirador** de la torre, a 26 m de altura, tiene una vista fabulosa.

Mostecká, Praga 1 • *prague.eu* • 221 714 714 • 190 czk • Metro: Malostranská • Tranvía: 12, 20, 22

Un pasadizo de piedra conecta la Torre del Puente de Malá Strana, a la derecha, con la antigua Torre de Judit.

U Lužického Semináře

2 Este conjunto de palacios barrocos, galerías, *pubs*, restaurantes junto al río bordea una tranquila plaza que es una verdadera joya. Alrededor del pequeño triángulo de césped hay solo una docena de edificios, incluyendo **Shakespeare & Sons**, una librería de segunda mano adorada por los expatriados (vende traducciones al inglés de clásicos checos). Visita los cafés centenarios, el amurallao **Jardín Voyan** (Vojanovy sady), hogar de pavos reales y una magnífica fuente,

o los tranquilos restaurantes junto al río:
el más elegante, Hergetova Cihelna,
se encuentra en el mismo edificio
que el **Museo Kafka** (*Cihelná 635,
kafkamuseum.cz, 257 535 373, 300 CZK*),
dedicado al escritor más célebre de
Praga (ver recuadro a la derecha).
Las salas del museo exhiben sus diarios,
correspondencia y algunas fotografías.

U Lužického semináře, Praga 1 ·
Metro: Malostranská · Tranvía: 20, 22

Palacio Wallenstein

3 Entra por la puerta del alto muro de Letenská para descubrir los
jardines del Palacio Wallenstein (Valdštejnský palác), donde
vivió el conde Albrecht von Wallenstein. En el siglo XVII, Wallenstein
dirigió los ejércitos católicos de la Contrarreforma en nombre
del emperador Habsburgo Fernando II contra los protestantes
bohemios. El palacio, con sus jardines italianos de 14 000 m²,
fue su recompensa. En el lado este del jardín, la antigua escuela de
equitación es hoy la **Galería Wallenstein**, gestionada por la Galería
Nacional (*ngprague.cz, pase para todas las exposiciones para 10 días,
680 czk, cerrado temporalmente*), con vistas a un estanque. La galería
organiza exposiciones temporales sobre la historia de Europa
Central. Al oeste se extiende una avenida bordeada de estatuas de
bronce que conduce a un pabellón con columnas, más allá del cual
se encuentra el palacio, hoy sede del Senado de la República Checa.
Abre al público sus salas de representación los fines de semana.
La **sala principal**, de dos pisos, está decorada con estucos y frescos
del primer barroco. Al sur se celebran conciertos gratuitos en verano.

Valdštejnské náměstií 4, Praga 1 · senat.cz · 257 075 707 · Jardín cerrado de noviembre
a marzo · Para visitas al Senado consultar la página web · Metro: Malostranská ·
Tranvía: 12, 18, 22

MALÁ STRANA

El cartel de la Casa de la Copa Dorada, en la calle Nerudova 16.

Calle Nerudova

4 Bordeada de fachadas barrocas, esta empinada calle (donde antiguamente se clavaban vigas de madera para evitar que los animales de carga perdieran el equilibrio) ofrece una visión de la vida en Praga durante el dominio de los Habsburgo. Los edificios, muchos de los cuales ahora son edificios de apartamentos, hoteles y embajadas, dan testimonio de la gratitud de los emperadores a sus leales sirvientes, que adornaban sus hogares con estatuas y esculturas. La fachada del **Palacio Morzin** (Morzinský palác; *n.º 5*), que perteneció al conde Václav de Morzin y ahora alberga la embajada de Rumania, está adornada con esculturas del bohemio Ferdinand Maximilian Brokoff, el mismo que adornó el Puente de Carlos con estatuas de santos. Otra característica de la calle Nerudova es la abundancia de carteles pintados en las casas (tiene más que cualquier otra calle de Praga). La tradición de identificar edificios mediante carteles pintados comenzó en la Edad Media y continuó hasta 1770, cuando los Habsburgo introdujeron el sistema de numeración de casas, con figuras míticas, animales yobjetos cotidianos como llaves y tazas. Todos aparecen en las fachadas de los edificios, tallados o pintados. Muchos edificios son hoteles o restaurantes, como el *pub* **Los tres violines** (*n.º 12*).

El cartel de la Casa del Bogavante Verde, en la calle Nerudova 43.

La **Casa de los Dos Soles** (U Dvou sluncǔ; *n.º 47*), donde vivió el poeta del siglo XIX Jan Neruda entre 1845 y 1857, también alberga un restaurante en el primer piso, donde el presidente Václav Havel llevaba a jefes de estado extranjeros a probar cerveza checa.

Nerudova, Praga 1 • Metro: Malostranská • Tranvía: 20, 22

Iglesia de San Nicolás

5 Junto a la portada de la Iglesia de San Nicolás (Kostel sv. Mikuláše), del siglo XVIII, en la Plaza Malá Strana (Malostranské náměstí), observa la columna de la peste, un gesto de agradecimiento de los supervivientes de la pandemia de 1713-1714.

El interior de la iglesia es un exuberante conjunto de columnas, cúpulas, estatuas, arcos, frescos y florituras ornamentales, complementado por aproximadamente 3000 m2 de frescos. Los detalles dorados atraen la mirada hacia arriba. El techo con frescos, que representa a San Nicolás victorioso sobre el diablo, le roba protagonismo al órgano vanguardista de 4000 tubos, algunos de hasta 6 m de altura, y a la cúpula principal de 70 m, con frescos de la *Apoteosis de la Santísima Trinidad* de Franz Palko del 1752-1753. Diseñada por Christoph Dientzenhofer y su hijo Kilian Ignatz, la iglesia representa la cumbre del arte religioso épico y del barroco, demostrando cómo la orden jesuita no escatimó en gastos

El suntuoso interior de la Iglesia de San Nicolás está inundado de luz natural.

en su campaña para convertir a los rebeldes protestantes checos al catolicismo. Disfruta de una vista perfecta de la ciudad desde el campanario de 65 m, un lugar que la policía secreta comunista solía utilizar para vigilar la plaza.

Malostranské náměstí, Praga 1 • *stnicholas.cz* •257 534 215 • 150 czk • Cerrado el 31 de diciembre • Metro: Malostranská • Tranvía: 20, 22

MALÁ STRANA

DÓNDE **COMER**

▪ CAFÉ SAVOY

En la zona sur de la ciudad se encuentra este elegante restaurante frecuentado por una clientela fiel a su cocina continental ligera, sus buenas tartas y su carta de vinos locales. **Vítezná 5, Praga 5, 731 136 144, €€-€€€**

▪ KAMPA PARK

Celebrado restaurante junto al río que sirve clásicos de la cocina checa (como venado en salsa demi-glace con enebro) y creativos platos de marisco. **Na Kampě 8b, Praga 1, 296 826 112, €€€€**

▪ LUKA LU

El restaurante balcánico más auténtico de la ciudad es una peculiar mezcla de decoración, mesas de picnic al aire libre y un servicio acogedor. **Újezd 33, Praga 1, 257 212 388, €€-€€€**

Jardín Vrtba e Iglesia de Nuestra Señora de la Victoria

6 Da un relajante paseo por el Jardín Vrtba (Vrtbovská zahrada), un tranquilo espacio verde diseñado en terrazas en la colina de Petřín. A continuación, toma Karmelitská hasta la **Iglesia de Nuestra Señora de la Victoria** (Kostel Panny Marie Vítězné). Miles de personas acuden cada año a este centro de peregrinación con la esperanza de que el Niño Jesús de Praga escuche sus plegarias. Expuesta en una vitrina de cristal sobre un altar situado en el lado derecho de la iglesia, esta pequeña estatua de madera del Niño Jesús fue regalada a la esposa española de un miembro de la familia Lobkowicz en 1556; quien, a su vez, la regaló a las carmelitas descalzas, orden a la que pertenece la iglesia. Se dice que la escultura tiene poderes milagrosos. Vestida con ropas diferentes cada día (dos coronas y cuarenta y seis vestidos que se van alternando), según la tradición, bendice a los fieles que dejan ofrendas.

A la derecha del altar mayor se encuentra el Museo del Niño de Praga, que alberga objetos religiosos y parte del ajuar de los vestidos que lleva la estatua.

Karmelitská 9, Praga 1 • *pragjesu.cz* • 257 533 646 • Metro: Malostranská • Tranvía: 12, 20, 22

Grafitis, poemas y mensajes en el Muro de John Lennon, que cambia de «aspecto» desde 1980.

Plaza de Malta

7 Esta tranquila plaza (Maltézské náměstí) alberga arcos y columnatas del siglo XVIII, la Iglesia de los Caballeros de Malta, un conservatorio que reproduce arias de ópera a todo volumen y las embajadas japonesa y danesa. Entre las antiguas residencias aristocráticas de la plaza se encuentran el **Palacio Nostitza** (Nostický palác; *n.º 471*) y el **Palacio Turba** (Turbovský palác; *n.º 447*), ambos remodelados alrededor de 1760 en estilo rococó, pero construidos antes. Sin embargo, la atracción más famosa de la plaza es el **Muro de John Lennon** cubierto de grafitis en su extremo sur. Las imágenes psicodélicas pintadas con aerosol aparecieron después del asesinato del cantautor en Nueva York en 1980. El muro fue blanqueado repetidamente por orden de las autoridades comunistas de la ciudad, pero los fanáticos se negaron a rendirse y lo volvieron a

El estrecho canal Čertovka, que en el pasado accionaba un molino, separa Kampa del resto de Malá Strana.

pintar en cada ocasión. Al final, las autoridades de la ciudad cedieron. Incluso hoy, la gente sigue añadiendo mensajes y poemas, quizá escuchando la música de los cantantes callejeros.

Maltézské náměstí, Praga 1 • Metro: Malostranská • Tranvía: 12, 20, 22

Isla de Kampa

8 Una serie de puentes peatonales cerca del río, sobre el canal Čertovka (cuyas aguas alimentaban un molino), conduce a lo que los praguenses llaman la isla de Kampa. Los puentes están salpicados de candados, que dejan las parejas enamoradas. La isla es en realidad una península (está conectada a la orilla izquierda por su lado sur), lo que no resta a quienes disfrutan de los frondosos árboles, el parque infantil y el **Museo Kampa** (ver pág. 167), que muestra una excelente colección de arte modernista checo reunida por los disidentes Meda y Jan Mládek.

U Sovových mlýnů 2, Praga 1 • Metro: Malostranská • Tranvía: 12, 20, 22

Colina de Petřín

9 En este promontorio al oeste de Kampa, que ofrece la vista más hermosa, se encotraban los huertos reales que abastecían de cerezas al Castillo de Praga. Un funicular, triunfo de la tecnología checa de finales del siglo XIX, lleva a los turistas a la cima de la colina por el mismo precio que un billete de tranvía (se baja justo al lado de la parada de tranvía Újezd; *dpp.cz; cerrado temporalmente*). Arriba se encuentra el **Muro del Hambre** (Hladová zed'), una obra de piedra blanca construida entre 1360 y 1362 para alimentar a los pobres. En la ladera norte de la colina se encuentra la **Torre de Petřín** (Petrínská rozhledna; *221 714 714, 220 czk*), una réplica a escala 1:5

de la Torre Eiffel. Desde sus 62 m de altura, la vista abarca toda Praga. Los niños disfrutan del **laberinto de espejos**, que data de 1891, con espejos deformantes y un diorama de una batalla entre los praguenses y los suecos en el Puente de Carlos durante la Guerra de los Treinta Años. El **Observatorio de Štefánik** (Štefánikova hvězd árna; *planetum.cz, 257 320 540, 110 czk*), inaugurado en 1928, ofrece la observación de estrellas.

Karmelitská, Praga 1 • *prague.eu* • 221 714 714 • Metro: Malostranská • Tranvía: 12, 20 , 22

Monasterio de Strahov

10 Ver págs. 104-107.
Strahovskénádvoří1, Praga 1 • *strahovskyklaster.cz* • 233 107 704 • Biblioteca o pinacoteca 190 czk, entrada combinada 340 czk, cerrado en Semana Santa y 25 de diciembre • Metro: Malostranská • Tranvía: 22

Sube los 299 escalones de la Torre de Petřín.

Monasterio de Strahov

Fundado por la orden premonstratense en 1143, el monasterio se amplió gradualmente y adquirió miles de pinturas y libros peculiares.

La biblioteca de la Sala Teológica, repleta de libros raros, con la estatua de San Juan Bautista.

Tras sobrevivir a guerras, emperadores antirreligiosos y dirigentes comunistas, el Monasterio de Strahov, con su biblioteca y su colección de pinturas, simboliza el compromiso de los monjes para proteger la cultura, el arte. Más allá del estrecho arco de entrada se accede a los edificios del monasterio, alrededor de una plaza que se extiende hacia el este, hacia la colina de Petřín. Comienza la visita por la biblioteca, en el lado oeste de la plaza, y continúa con la iglesia y la pinacoteca. La entrada a la biblioteca y la pinacoteca es de pago.

■ BIBLIOTECA DE STRAHOV

La entrada principal conduce al edificio más célebre del complejo religioso, la biblioteca, que en dos magníficas salas gemelas alberga una colección de 200 000 volúmenes, que se estima que contiene 260 000 obras, así como 1500 incunables y aproximadamente 3000 manuscritos preciosos. Muchas impresiones datan de un período entre los siglos XVI y XIX. La **Sala de Teología** alberga antiguos tomos encuadernados en cuero y corteza. El techo, con frescos de 1671 de Giovanni Domenico Orsi, representa escenas centradas en la importancia de la educación y los libros como instrumentos de conocimiento de Dios y Jesucristo. La **Sala de Filosofía**, añadida un siglo después, tiene un techo adornado con frescos de Anton Maulbertsch (1794) que, en cambio, representan el camino del hombre hacia la sabiduría. Dispuesta en estantes de nogal hay una fabulosa colección de medicina, matemáticas, geografía y astronomía. El **Gabinete de Curiosidades**, el pasillo adyacente a la primera sala, exhibe una variada colección de conchas, armas, animales disecados e instrumentos astronómicos. En 1783, el emperador reformista José II comenzó a suprimir los monasterios

del reino. Sin embargo, gracias a una astuta maniobra política, los monjes de Strahov lo convencieron de que la suya era una institución educativa, no religiosa: de esta forma, la biblioteca salvó el monasterio.

■ IGLESIA DE LA ASUNCIÓN

Al salir de la biblioteca y girar a la derecha, verás la iglesia, el corazón del complejo de Strahov. Incluso hoy, las

El *Evangeliario* (860-865) de Etchmiadzin, un valioso manuscrito conservado en la biblioteca

MALÁ STRANA

Columnas salomónicas, frescos y estucos adornan el interior de la Iglesia de la Asunción.

campanas de esta extraordinaria iglesia barroca repican a diario para la misa. Tesoro de la orden premonstratense, la iglesia presume de un retablo enmarcado por columnas espirales de mármol negro, extraído localmente. Las volutas del techo representan escenas de la vida de la Virgen, obra de Jerzy Wilhelm Neunhertz. La galería oeste alberga un órgano construido en 1774 por el monje Lohel Oehlschlaegl, que Mozart tocó durante su estancia en Praga en 1787.

■ PINACOTECA DE STRAHOV
El pasillo al este de la iglesia conduce a la pinacoteca del monasterio. A juzgar por la colección de piedades, paneles medievales y pinturas de maestros flamencos que adornan las salas de la pinacoteca no se diría que los inestimables tesoros del monasterio han sido saqueados a lo largo de los siglos. Y la orden monástica no ha olvidado que, hasta 1950, el gobierno comunista encarceló a sacerdotes, expropió tierras y confiscó obras de arte para aumentar la colección de la Galería Nacional. Estas obras volvieron a sus legítimos propietarios tras la Revolución de Terciopelo y hoy los visitantes pueden admirar la **Virgen de Strahov,** del siglo XIV, en las llamadas «Salas Románicas» del monasterio,

que ofrecen una panorámica de la sencilla vida de los premonstratenses. El austero **refectorio de invierno**, donde los monjes consumen comidas sencillas bajo un incongruente panel pintado titulado *El banquete celestial del Justo*, contrasta con el amplio **refectorio** barroco de verano .

■ Cerveza con vistas
Los **Jardines de Strahov**, que se extienden hacia el Moldava, forman un puente verde ondulado con los espacios abiertos de la colina de Petřín. El deambulatorio, un sendero que serpentea entre los árboles frutales,

era el lugar donde los monjes caminaban en tranquila contemplación. Hoy está abierto al público y las familias lo invaden con sus cestas de picnic para disfrutar de la vista. De vuelta a la entrada principal del complejo de Strahov, descubrimos el orgullo de los monjes: la cerveza Sv. Norbert, dedicada a San Norberto, fundador de la orden premonstratense. Esta cerveza tradicional se puede degustar de barril en Sv. Norbert Pivovar Strahov, que tiene mesas cerca de la Galería Miró (ver recuadro de la pág. 105).

El monasterio sigue produciendo y sirviendo su propia cerveza.

Strahovské nádvoří 1, Praga 1 · *strahovskyklaster.cz* · 233 107 704 · Biblioteca o pinacoteca 190 czk, entrada combinada 340 czk, cerrado Semana Santa y el 25 de diciembre · Metro: Malostranská · Tranvía: 22

Arquitectura barroca

A principios del siglo XVII se popularizó en Europa un nuevo estilo arquitectónico caracterizado por su teatralidad, exuberancia decorativa y abundancia de detalles. La Iglesia católica lo utilizó para dar un aspecto espectacular a los lugares de culto, y pronto fue imitado por aristócratas y soberanos. En ningún otro lugar se adoptó el barroco con tanto entusiasmo.

En la época barroca, los edificios de Praga se identificaban con carteles, como la Casa de los Dos Soles (ver págs. 98-99). Página siguiente: la fachada de la Basílica de San Jorge, del siglo X, está adornada con decoraciones simétricas añadidas a principios del siglo XVIII.

La belleza en las geometrías

La **Iglesia de Nuestra Señora de la Victoria** (ver pág. 100), en Malá Strana, fue la primera iglesia barroca de la ciudad y se hizo a partir de la reforma de un edificio renacentista previo. Su estilo elaborado apenas logra capturar las capillas laterales ricamente decoradas y el deslumbrante altar barroco, enmarcado por un arco sostenido por columnas salomónicas e iluminado por la luz natural que se filtra a través de altos ventanales, y que luce un retablo de pan de oro traído de Roma. Techos altos, proporciones simétricas, columnas imponentes, pinturas floridas y una sensualidad desbordante son elementos decorativos clásicos del Barroco, diseñados para captar la atención de los fieles y abrumar sus sentidos.

El propósito de lo sagrado

Tras la Reforma, la división entre católicos y protestantes constituía una amenaza para el control del imperio por parte de los Habsburgo católicos. Con el apoyo de los Habsburgo, la Iglesia católica bohemia reafirmó su control imponiendo su propio

MALÁ STRANA

estilo arquitectónico en algunas iglesias muy veneradas. Incluso la románica **Basílica de San Jorge** (ver págs. 122-123) del siglo x, en el Castillo de Praga, fue remodelada en estilo barroco. La transformación, proyectada a principios del siglo xviii por F. M. Kanka, se llevó a cabo con elegancia y dotó a la iglesia de una nueva fachada con formas geométricas ordenadas.

Las nuevas cimas del barroco

Tras la reconversión de los primeros edificios sagrados, se hicieron necesarios nuevos recursos decorativos para alcanzar una gloria indiscutible. Se necesitaba un escaparate construido expresamente para exhibir todos los detalles y perspectivas, haciendo un amplio uso de techos en trampantojo y estatuas de mármol con movimientos fluidos. Dos generaciones de

CARACTERÍSTICAS
DEL BARROCO

Líneas curvas Las paredes, los altares y las escaleras se caracterizan por líneas curvas, que acentúan la espectacularidad.

Excesos El conjunto de emociones extremas, provocaciones sensoriales y mensajes sencillos glorifican a la Iglesia y a la monarquía.

Luz y espacio La espectacular iluminación que se filtra por las naves laterales de las iglesias enfatiza el impacto.

Efectos especiales La técnica del trampantojo, muy utilizada, confiere tridimensionalidad y profundidad a detalles decorativos que, de otro modo, resultarían planos.

arquitectos se dedicaron a la construcción de la máxima expresión del alto barroco, la **Iglesia de San Nicolás** (ver págs. 99-100), en Malá Strana. La tarea fue asignada en 1703 a Christoph Dientzenhofer, el arquitecto barroco más talentoso de Europa central. Su hijo Kilian Ignatz supervisó su finalización, cincuenta y dos años después, y el resultado es asombroso.

La arquitectura secular

Luego llegó el turno de los nobles, siempre deseosos de hacer alarde de su riqueza y buen gusto. El **Palacio Wallenstein** (ver pág. 97), de Malá Strana, hoy sede del Senado, fue el primer edificio barroco secular de Praga. Sus salas y jardines personifican el deseo de infundir respeto mediante la adopción de las nuevas normas arquitectónicas.

Las guerras de la opulencia

Por supuesto, el Palacio Wallenstein podía ser igualado y superado, y así comenzó la silenciosa competencia para construir la finca más

Las estatuas de la escalera del Palacio Trója representan una batalla entre dioses.

suntuosa. En 1679, el famoso arquitecto francés Jean-Baptiste Mathey construyó el **Palacio Trója** (*Trojský zámek*; *U Trojského zámku 1, Praga 7, ghmp.cz, 283 851 614, 200 czk, cerrado de noviembre a marzo y lu.*) para el conde de Sternberg en tan solo doce años. Aunque su ubicación no era tan ideal como la del Palacio Wallenstein, la finca era espaciosa y se encontraba en una ladera, con un telón de fondo de viñedos frente al río. Los jardines conducen a senderos bordeados de raros jarrones Bombelli. Los hermanos amberinos Abraham e Isaac Godyn pintaron frescos épicos sin igual: escenas con trampantojos que deifican a los Habsburgo cubren cada centímetro de las paredes y el techo.

La ligereza centroeuropea

En el siglo XVIII, los arquitectos y artistas desarrollaron una forma más ligera e incluso más elaborada del barroco: el rococó. Este estilo prefería los colores pastel y los detalles decorativos basados en formas naturales.

El salón de baile del siglo XVIII del Palacio Colloredo-Mansfeld tiene una chimenea adornada con figuras muy elegates.

MALÁ STRANA

El **Palacio Colloredo-Mansfeld** (Colloredo-Manfeldský palác; cerrado por reformas, ver pág. 166), de Staré Město, es un importante ejemplo del rococó. Se accede a través de una magnífica portada resaltada por querubines. El salón de baile, con techos cubiertos de frescos y una elaborada lámpara de cristal, fue el escenario de algunas escenas de la película *Amadeus*, de Forman. La propia torre del campanario de la Iglesia de San Nicolás, en Malá Strana, es otro bello ejemplo del barroco tardío. Tras la caída del comunismo en 1989, muchos edificios barrocos de Praga, descuidados durante mucho tiempo, fueron cuidadosamente restaurados y reconvertidos en pinacotecas, museos y hoteles.

Praga y el Moldava

El Moldava es el río que divide en dos la capital checa, un elemento característico de la ciudad. Ofrece lo mejor cuando se observa desde uno de los muchos puentes que lo cruzan o durante un paseo en barco. Pasea por la orilla izquierda de Malá Strana y respirarás el auténtico espíritu de la ciudad.

MALÁ STRANA

■ LOS PUENTES, TESTIGOS DEL PASADO

Los puentes de Praga son testigos de su glorioso pasado. El **Puente de las Legiones** (Most Legií), que conecta Vítězná, en Malá Strana con Národní, en la zona sur de Staré Město, es un homenaje a las legiones checas de la Primera Guerra Mundial que se rebelaron contra los comandantes austriacos. El puente llega hasta la **isla de Střelecký** (Střelecký ostrov), un pequeño trozo de tierra en medio del río, un espacio verde renovado donde encontrar un poco de alivio durante los días calurosos y que acoge festivales de música y cine al aire libre.

■ LA INSPIRACIÓN EN KAMPA

La minúscula **Iglesia de San Juan de las Lavanderas** (Sv. Jan na Prádle; *fra Říční y Všehrdova*), de 1235, es testimonio de la importancia que tuvo el canal Čertovka en la vida social de Praga. Los Caballeros de Malta excavaron este canal en el siglo XII para separar Kampa del resto de Malá Strana. El Čertovka (Canal del Diablo) alimentaba los molinos. Quedan dos ruedas hidráulicas, una de las cuales se encuentra junto al popular bar **Mlýnská kavárna** (*Všehrdova 449, 257 313 222*). Fíjate en la barra, obra de David Černý. Bajo la superficie transparente de resina, el artista checo ha colocado algunos objetos regalados por los clientes, inspirándose en el lema «La clientela a sí misma», de la inscripción «Národ sobě» (La nación a sí misma) presente en el telón del Teatro Nacional.

■ TRADICIONES FLUVIALES

Los mercados de agricultores han tenido un éxito rotundo en Praga. Los puestos se instalan los sábados, incluso en invierno, en la zona norte de Kampa, justo al lado de una de las creaciones surrealistas de Černý (un grupo de bebés gigantes junto al Museo

El molino del Gran Prior sigue conduciendo hoy en día el agua del canal Čertovka a la isla de Kampa.

de Kampa). Destacan los dulces bohemios, como los *koláč* (pasteles cubiertos con fruta o queso) y los *palačinky* (tortitas con relleno dulce o salado), pero también las *kranjska klobása* (salchichas de cerdo a la eslovena) y las mermeladas.

Una manzana al oeste, la rueda de lo que en su día fue el **molino del Gran Prior** (*Hroznová 3*) alberga hoy la estatua de un espíritu del agua (un personaje del folclore bohemio), instalada por el artista Josef Nálepa en 2010, quizá para proteger la zona de las inundaciones. La zona se inundó en 2002, y en 2013 las barreras contra las crecidas resistieron.

■ EN BARCO

Quizá la mejor manera de disfrutar del Moldava es en barco. Se pueden alquilar en la pintoresca isla de Slovanský (*cerrada de noviembre a marzo, 777 870 511*), junto al Teatro Nacional de Nové Město. Si no te apetece remar, puedes disfrutar de un relajante crucero con almuerzo o cena con la **Prague Steamship Company** (*Rašínovo nábřeží, paroplavba.cz, 605 295 111, desde 1100 czk*) o un crucero nocturno en el **Jazz Boat** (*Dvořákovo nábřeží 901, jazzboat.cz, 734 141 554*), con conciertos de grandes talentos del *jazz*.

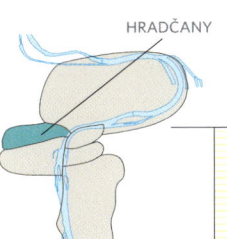

Hradčany

Situado sobre la antigua ruta comercial a lo largo del Moldava, el promontorio en el que se alza el compacto barrio del Castillo sigue dominando hoy en día el horizonte de Praga. En el siglo XI, los Premislidas, soberanos de Bohemia, establecieron su sede en Hradčany, construyendo iglesias y grandiosos edificios. Los checos veneran al emperador del Sacro Imperio Romano Germánico, Carlos IV, por haber llevado a Bohemia a una edad de oro del comercio, el saber y la agricultura, avances que se celebran en la exposición sobre historia del Castillo de Praga. A él se debe la construcción de la Catedral de San Vito. El complejo del castillo ofrece colecciones de arte, una pintoresca calle y hermosos jardines. La incorporación de Bohemia al Imperio de los Habsburgo en el siglo XVI trajo a Praga riqueza, entre ella los fondos para la construcción de lujosos palacios, la magnífica Iglesia de Loreto y el cercano Palacio Černín.

HRADČANY

◄ **Músicos callejeros en la entrada principal del Castillo de Praga.**

Hradčany

*Las tranquilas calles laterales roban el protagonismo
a los palacios reales y a las iglesias milenarias.*

❶ Pinacoteca del Castillo de Praga (ver pág. 118).
Entra en el Castillo de Praga por la puerta principal.
Continúa por el segundo patio y gira a la izquierda
hacia la taquilla. La pinacoteca, justo al lado,
conserva pinturas de Tiziano, Rubens y Tintoretto.
Camina hasta el tercer patio.

JELENÍ

0   400 metros

HRADČANY

NOVÝ SVĚT

KEPLEROVA

Nový Svět **❿**

Pinacoteca del
Castillo de Praga
(Obrazárna
Pražského hradu)

Plaza Loreto
(Loreta) **❾**

Plaza Hradčany
(Hradčanské náměstí)

❽

ÚVOZ

❿ Nový Svět (ver págs. 126-127).
Pasea por las tranquilas callejuelas
al norte de la Plaza Loreto
(Loretánské náměstí).

❾ Plaza Loreto (ver pág.
126). Quedarás
maravillado por
el esplendor del Santuario
de Loreto. Camina hacia el
norte por Kapucínská.

❽ Plaza Hradčany (ver págs.
124-125). En esta tranquila
plaza se encuentran palacios
aristocráticos que albergan
algunas colecciones de la
Galería Nacional. Visita sus
exposiciones y luego camina
hacia el oeste por Loretánská.

HRADČANY   **DISTANCIA: 3,2 KM**   **DURACIÓN: 7 H APROX.**
ESTACIÓN DE METRO: MALOSTRANSKÁ

❷ Antiguo Palacio Real (ver págs. 118-119). Visita la Sala Vladislao, del siglo XVI, y las demás salas históricas del palacio. Entra en el edificio adyacente.

❸ Historia del Castillo de Praga (ver pág. 120). Descubre la historia del castillo, construido sobre un cementerio pagano, y el desarrollo de sus fortificaciones. Cruza el patio hasta la catedral.

❹ Catedral de San Vito (ver págs. 120-122). Esta maravilla gótica que domina el *skyline* de Praga es el corazón histórico y religioso de Bohemia. Camina hasta el final del tercer patio, hacia el este.

MARIÁNSKÉ HRADBY

CHOTKOVY SADY

JARDÍN REAL (KRÁLOVSKÁ ZAHRADA)

tillo de Praga ažský hrad)

CHOTKOVA

U DRUŠKÝCH KASÁREN

Callejón del Oro (Zlatá ulička)

❻

Palacio Lobkowicz (Lobkovický palác)

atedral de San Vito edrála sv. Víta)

❼

KLÁROV

❺

JIŽNÍ ZAHRADA

❹

❸

Basílica de San Jorge (Bazilika svatého Jiří)

VALDŠTEJNSKÁ

❷

Malostranská

Historia del Castillo de Praga (Příběh Pražského hradu)

LETENSKÁ

Antiguo Palacio Real (Starý královský palác)

❼ Palacio Lobkowicz (ver págs. 128-129). Admira la colección de arte, porcelana y partituras musicales históricas de la familia Lobkowicz. Sal del castillo por la puerta principal.

❻ Callejón del Oro (ver págs. 123-124). Imagina la vida de quienes vivían a la sombra del castillo en este estrecho callejón, con tantas casitas reconstruidas en su interior que se alternan con tiendas de recuerdos. Vuelve a Jiřská y gira a la izquierda.

❺ Basílica de San Jorge (ver págs. 122-123). Esta humilde capilla románica, que data del año 920, es el lugar de culto más antiguo que se conserva en el recinto del castillo. En su sencillo interior de arenisca se encuentra la tumba de Santa Ludmila. Camina por Jiřská y gira a la izquierda por el Callejón del Oro.

Pinacoteca del Castillo de Praga

1 Admira las gigantescas estatuas de titanes luchando en la entrada principal del siglo XVIII del castillo, en Hradčanské náměstí. Desde aquí, pasa por la monumental puerta barroca de Matías (el emperador que la mandó construir en 1614) y llega a la taquilla, que está en el segundo patio. Las salas aboveedadas de la Pinacoteca del Castillo (Obrazárna Pražského hradu), en el lado norte del patio, conservan lo que queda de la colección del emperador Rodolfo II, que hizo de Praga su capital. A su muerte, en 1612, Rodolfo había reunido una de las mayores colecciones de Europa. Sus sucesores trasladaron una parte a Viena y lo que quedó en Praga fue saqueado por los suecos durante la Guerra de los Treinta Años. No obstante, se conservan algunas piezas extraordinarias, como un tríptico de Lucas Cranach el Viejo, que originalmente se encontraba en la Catedral de San Vito. Otra obra maestra es la *Mujer ante el espejo* (1512-15) de Tiziano, el pintor favorito de Rodolfo. El soberano tenía gustos eclécticos, como demuestra el retrato de la multitud grotesca en *El escarnio de Cristo*, de un anónimo holandés del siglo XVI.

Segundo patio del Castillo de Praga, Praga 1 • 224 372 423 • *hrad.cz* • 200 czk • Cerrado 24 de diciembre • Metro: Malostranská • Tranvía: 22, 23

INFORMACIÓN **TURÍSTICA**

En el Castillo de Praga (*hrad.cz*), la entrada Circuito (*450 czk para dos días; cada edificio es accesible con la misma entrada una sola vez*) da acceso al Antiguo Palacio Real, a la Catedral de San Vito, a la Basílica de San Jorge y al Callejón del Oro. Para la Gran Torre Meridional de la catedral hay que pagar una entrada aparte (*200 czk*). Se pueden contratar guías profesionales autorizados que hablen tu idioma por un suplemento de 250 czk por persona y hora (*224 372 187*). El Palacio Lobkowicz tiene su propia taquilla.

Antiguo Palacio Real

2 Residencia de los reyes de Bohemia hasta el siglo XVI y centro de la administración real bajo los Habsburgo, el Antiguo Palacio Real (Starý královský palác) alberga hoy las oficinas del presidente de la República Checa. La construcción del edificio actual comenzó en el siglo XII. A finales del siglo XV, el arquitecto

En el amplioSalón de Vladislao se celebraban coronaciones y torneos a caballo.

Benedikt Ried combinó características del gótico tardío y el renacimiento en su renovación para el rey Vladislao Jagellón. Ried equipó el **Salón de Vladislao**, una gran sala ceremonial, con bóveda de nervaduras que forman patrones curvos. En el piso superior se encuentra la **Cancillería**, el lugar de la segunda defenestración. En 1618, algunos nobles protestantes bohemios, insatisfechos con la pérdida de privilegios bajo el emperador católico Fernando de Habsburgo, defenestraron a tres funcionarios de la corte. Volviendo a la planta baja, el **Salón de la Dieta**, lugar de encuentro de la nobleza, exhibe un retrato de la emperatriz María Teresa de Habsburgo, madre de María Antonieta, y una réplica de las joyas de la Corona de Bohemia. La salida se realiza por la Escalera de los Caballeros, de principios del siglo XVI, para que los nobles pudieran acceder a caballo al Salón de Vladislao.

Tercer patio del Castillo de Praga, Praga 1 • 224 372 435 • *hrad.cz* • Circuito 450 czk • Cerrado 24 de diciembre • Metro: Malostranská • Tranvía: 22, 23

La exposición en los sótanos del Antiguo Palacio Real narra la historia del castillo y de las personas relacionadas con él.

Historia del Castillo de Praga

3 Ubicada en el sótano gótico y románico, la exposición «Historia del Castillo de Praga» narra la historia del castillo desde la prehistoria hasta la actualidad a través de artefactos históricos y pantallas interactivas. Una serie de maquetas ilustra las etapas de su desarrollo, mientras que las exposiciones de objetos religiosos, vestiduras funerarias y joyas narran la vida cotidiana de reyes, reinas, santos, artistas y artesanos que vivieron y trabajaron aquí durante los últimos mil años. Observa los planos del arquitecto del siglo XIV, Peter Parler, que ilustran los dispositivos y técnicas empleados en el castillo, y las copas de cristal verde, diseñadas para evitar que se resbalen al tocarlas con las manos grasientas. De particular interés son las tumbas paganas que contienen esqueletos atados, conservados en su estado original. Las tumbas revelan que la colina fue un lugar de enterramiento sagrado antes de ser elegida como fortaleza.

Tercer patio del Castillo de Praga, Praga 1 • 224 372 435 • *hrad.cz* • Forma parte del circuito • Cerrado 24 de diciembre • Metro: Malostranská • Tranvía: 22

Catedral de San Vito

4 El aspecto actual de la Catedral de San Vito (Chrám sv. Víta) se debe principalmente al arquitecto favorito del emperador Carlos IV, Peter Parler, de veintitrés años, cuya visión de un santuario real apto para coronaciones dio como resultado imponentes agujas, arbotantes y vidrieras. La construcción comenzó en 1344 y continuó durante varios siglos, hasta 1929, con la colaboración de grandes artistas. Las vertiginosas alturas que el visionario Parler tenía en mente son evidentes en el altísimo coro, rematado por una bóveda de crucería, que se hace aún más esbelta gracias a la delicada tracería gótica de las ventanas. La **tumba de San Juan Nepomuceno** (ver recuadro de la pág. 55), detrás del altar mayor, en el lado este, es una elaborada obra de plata que pesa 1,4 toneladas, dedicada al santo que se atrevió a desafiar al rey Wenceslao IV. En la tercera capilla a la izquierda, por el lado oeste y en la parte construida en 1871-1929, se encuentra la **vidriera de Alphons Mucha**, una vidriera de estilo *art nouveau* que representa las vidas de los santos eslavos Cirilo y Metodio. Cerca de allí, una escalera conduce a la **cripta**, donde están enterrados Wenceslao IV

Detalle de la espectacular vidriera de Alphons Mucha en la Catedral de San Vito.

y Carlos IV. En el lado sur, las innovaciones de Parler alcanzan su máximo esplendor en la cúpula nervada de la **Capilla de San Wenceslao**, bajo la cual se encuentra la tumba, meticulosamente decorada, de Wenceslao, duque de Bohemia en el siglo X y santo patrón de los checos. Las paredes, adornadas con gemas, ocultan la cámara de la Corona bohemia, donde se guardan bajo llave las joyas de la coronación (ver pág. 133).

Tercer patio del Castillo de Praga, Praga 1 • *hrad.cz* • 224 372 435 • Circuito 450 czk • Cerrado 24 de diciembre • Metro: Staroměstská • Tranvía: 22, 23

Basílica de San Jorge

5 El interior de esta antigua basílica está atravesado por los rayos de luz que entran por sus altas ventanas. A pesar de su fachada barroca, añadida en el siglo XVII, la Basílica de San Jorge (Bazilika sv. Jiří) es la iglesia más antigua del complejo del castillo, así como el lugar de enterramiento de los primeros miembros de la dinastía

Interior de la Basílica de San Jorge. A la derecha, la tumba pintada de Bratislao I de Bohemia.

Premislida. La tumba de madera pintada en la parte delantera de la nave es la de Bratislao I, fundador de la iglesia original que se encontraba aquí a principios del siglo X. Una escalera doble conduce al coro, a cuya derecha se encuentra la Capilla de Santa Ludmila. Esposa de Borijov I, el primer duque cristiano de Bohemia, madre de Bratislao I y abuela de San Wenceslao, Ludmila fue asesinada por su nuera en el 921. Canonizada poco después, se convirtió en la primera santa y mártir de Bohemia.

Tercer patio del Castillo de Praga, Praga 1 • 224 372 435 • *hrad.cz* • Circuito 450 czk • Cerrado 24 de diciembre • Metro: Malostranská • Tranvía: 22, 23

Callejón del Oro

6 Los primeros residentes del Callejón del Oro (Zlatá ulička), una estrecha calle que bordea las fortificaciones septentrionales, eran miembros de la guardia de palacio del emperador Rodolfo II. Durante el siglo XVI, el callejón estaba poblado por un grupo de artesanos que convivían en las casas interconectadas, habitadas hasta casi 1950. Actualmente están llenas de tiendas de recuerdos y regalos cuyos interiores han sido reconstruidos.

Las puertas abiertas son una invitación a explorar las casas del Callejón del Oro.

Franz Kafka tuvo una oficina aquí durante un breve período en el **n.º 22**, hoy una librería. En el n.º 12 se encuentra la **Casa del Historiador**, donde vivió el historiador de cine Josef Kazda. La estrecha escalera está llena de carteles de cine y contenedores metálicos para rollos de película; con un pequeño cine que proyecta antiguas películas praguenses en blanco y negro. Una serie de salas en los pisos superiores alberga una exposición de armas, armaduras e instrumentos de tortura. La siniestra Torre Dalibor fue una prisión para deudores insolventes y alborotadores. Las ejecuciones se llevaban a cabo en el patio de la Casa del Burgrave, al fondo, ahora ocupado por el **Museo del Juguete** (*Jiřska 4, 720 835 891, 180 czk*), en dos plantas, que muestra piezas antiguas y modernas.

Zlatá ulička, Castillo de Praga, Praga 1 • 224 373 368 • *hrad.cz* • Circuito 450 czk • Cerrado 24 de diciembre • Metro: Malostranská • Tranvía: 22, 23

DÓNDE **COMER**

■ **MALÝ BUDDHA**
Este tranquilo café con aroma a incienso sirve rollitos de primavera, té de jazmín, ensalada de fideos con jengibre, etc. Es un lugar muy frecuentado y económico. **Úvoz 44, Praga 1, 220 513 894, €€**

■ **U ČERNÉHO VOLA**
Es una cervecería (llena de humo) donde comer salchichas, arenques en escabeche y otros platos típicos de los *pubs.* **Loretánské náměstí 1, Praga 1, 606 626 929, €€**

■ **U ŠEVCE MATOUŠE**
Refugio íntimo y antiguo con cómodos sillones y unas vistas fabulosas de Malá Strana, que se pueden admirar mientras se degustan filetes y se bebe buen vino. **Loretánské náměstí 4, Praga 1, 220 514 536, €€**

Palacio Lobkowicz

7 Ver págs. 128-129.

Jiřská 3, Castillo de Praga, Praga 1 • 702 201 145 • *lobkowicz.cz* • 360 czk (audioguía incluida) • Metro: Malostranská • Tranvía: 22, 23

Plaza Hradčany

8 La vasta y monumental Plaza Hradčany (Hradčanské náměstí) está flanqueada por suntuosos palacios que pertenecieron a la nobleza bohemia. El **Palacio Schwarzenberg** (Schwarzenberský palác; *Hradčanské náměstí 2, ngprague.cz, 233 081 730, 250 czk, cerrado lu.*) alberga las colecciones de la Galería Nacional de pintura y escultura europea y bohemia, desde los albores de los tiempos hasta el Barroco. Data de 1567 y es el palacio de estilo renacentista veneciano más bello de Praga, con su exterior decorado con esgrafiados. En el patio, custodiando la entrada principal, varias esculturas de Matthias Braun y Maximilian Brokoff. El talento de estos artistas para simular el movimiento es extraordinario, ya que las túnicas de piedra parecen hechas de tela suave. La planta baja alberga salas de exposiciones temporales y una exposición de maquetas y bocetos. La primera y la segunda planta están dedicadas a un compendio de obras maestras desde el Renacimiento hasta el

HRADČANY

Detalle de la *Fiesta del Rosario* de Durero, en el Palacio Sternberg.

Barroco, como las del pintor flamenco Bartholomeus Spranger y las de los checos Petr Brandl y Karel Škréta. Del manierismo italiano, destaca el *Retrato de Leonor de Toledo* (1543) de Bronzino, mientras que la joya de la corona de la sección de arte austriaco y alemán de los siglos xvi al xviii es la *Fiesta del Rosario* de Alberto Durero (1506). Y cómo no mencionar la *Adoración de los Magos* de Pieter Brueghel el Joven, *Erudito en su estudio* (1634) de Rembrandt y el *Martirio de Santo Tomás* (1636-1638) de Rubens. Frente al Palacio Schwarzenberg, junto al renacentista Palacio Arzobispal (Arcibiskupský palác; *abierto el Jueves Santo*), hay un callejón que conduce al **Palacio Sternberg** (Šternberský palác; *Hradčanské náměstí 15, ngprague.cz, 233 090 570, 180 czk, cerrado lu.*). Construido entre 1699 y 1708 por Giovanni Battista Alliprandi, es una joya de la arquitectura barroca.

Hradčanské náměstí, Praga 1 • Metro: Malostranská • Tranvía: 22, 23

Plaza Loreto

9 A dos manzanas cuesta arriba desde el Castillo de Praga, en la Plaza Loreto (Loretánské náměstí), se encuentra el **Santuario de Loreto** (Loreta; *Loretánské náměstí 7, Praga 1, loreta.cz, 737 639 049, 260 czk*), un lugar de peregrinación católica profusamente decorado que se dice que fue construido por ángeles. Fundado en 1626, el edificio tiene una fachada ornamentada, iniciada en el siglo xviii, diseñada por padre e hijo, Christoph y Kilian Ignatz Dientzenhofer. En el interior, en el corazón del complejo, se encuentra la **Santa Casa**, de un período anterior, que se dice que es una reproducción de la casa de la Virgen en Nazaret, donde la visitó el arcángel Gabriel. El exterior de la Santa Casa está decorado con escenas de la vida de María, mientras que el interior, austero y diseñado por el arquitecto Giovanni Orsi, contiene una escultura de madera de tilo de la Virgen con el Niño. Los Dientzenhofer también diseñaron la **Iglesia de la Natividad**, situada detrás de la Santa Casa. El interior, en tonos rosa y dorado, se ve realzado por los frescos de Václav Vavřinec Reiner. En la planta superior del claustro se puede admirar el rico **Tesoro de Loreto**, con su custodia dorada y con 6222 diamantes incrustados. Cada hora, las veintisiete campanas holandesas del carillón de la torre del santuario tocan himnos marianos. Frente a Loreto, en la calle Loretánská, se alza el **Palacio de Černín** (Černínský palác; *cerrado al público*), cuya fachada de 134 m de largo está adornada con treinta semicolumnas. Construido a finales del siglo xvii por el embajador de los Habsburgo en Venecia, es uno de los palacios barrocos más grandes de Praga. Desde 1918, alberga el Ministerio de Asuntos Exteriores y fue el *sancta sanctorum* del gobierno comunista.

Loretánské náměstí, Praga 1 • Metro: Malostranská • Tranvía: 22, 23

Una mitra del siglo xvii engastada con perlas y zafiros, parte del Tesoro de Loreto.

Nový Svět

10 Las calles al norte de Loreto, que siempre han estado fuera de los muros protectores

Nový Světes una calle tranquila y poco transitada a pocos pasos de la concurrida y turística Hradčanské náměstí, frente al Castillo de Praga.

del castillo, siguen siendo un mundo aparte. Angostas, sinuosas y pintorescas, estas calles adoquinadas conectan casas históricas y talleres de artistas. Desde la Plaza Loreto camina hacia el norte hasta Černínská. Cuando llegues a Nový Svět (Nuevo Mundo), gira a la derecha. Esta pequeña calle romántica está bordeada de casas de los siglos XVII y XVIII. El violinista del siglo XIX František Ondřiček nació en la **Casa del Arado de Oro** (*n.º 25*). El astrónomo de la corte del emperador Rodolfo II, Tycho Brahe, vivió en la **Casa del Grifo de Oro** (*n.º 1*). Mirando la casa desde fuera, puedes imaginarlo estudiando cartas celestes de los movimientos planetarios. Desde el lado este de Nový Svět, Kanovnická conduce de nuevo a la Plaza Hradčany.

Loretánské náměstí, Praga 1 • Metro: Malostranská • Tranvía: 22, 23

Palacio Lobkowicz

*Este elegante palacio del complejo del castillo alberga
las colecciones de una familia aristocrática bohemia.*

La siega del heno de Brueghel el Viejo celebra el paisaje holandés y la prosperidad de la cosecha.

En una posición dominante en el lado este del complejo del castillo, el Palacio

Lobkowicz (Lobkovický palác), similar a una fortaleza, es la residencia privada

de la familia del mismo nombre, cuyas colecciones, que incluyen pinturas,

armaduras, cerámicas y partituras musicales, llenan veintidós salas distribuidas

en dos plantas. El actual príncipe Lobkowicz ofrece una audioguía que añade

un toque personal a la visita. Todos los días a la hora del almuerzo, en el salón,

bajo los retratos de la familia, se celebran conciertos de música de cámara.

HRADČANY

■ RETRATOS

Los miembros de la familia Lobkowicz fueron importantes terratenientes y figuras influyentes en la política bohemia durante al menos seis siglos. Su colección de alrededor de 1500 pinturas incluye retratos familiares y otros personajes, entre ellos Zdeněk Popel, canciller de tres emperadores Habsburgo y del primer príncipe Lobkowicz; o la *Infanta Margarita* de Diego Velázquez.

■ COLECCIONES ESPECIALIZADAS

Tras las colecciones de cerámica y armaduras medievales, llegamos a la **Sala de la Música**, que expone instrumentos musicales y partituras. No te pierdas la reorquestación escrita a mano por Mozart del *Mesías* de Händel, la *Heroica* de Ludwig van Beethoven con las modificaciones autógrafas del autor, y el recibo firmado por el salario que le pagó el séptimo príncipe Lobkowicz.

■ LOS GRANDES MAESTROS

Otra sala está dedicada a la bucólica *La siega del heno* (1565) de Pieter Brueghel el Viejo, parte de una serie de pinturas que representan los meses

del año. Más adelante, dos vistas panorámicas de Canaletto, escenas del Támesis, en Londres, obras de Lucas Cranach el Viejo y un retrato atribuido a Diego Velázquez.

■ SALAS FAMILIARES

La **Sala de Ernestina**, en la primera planta, alberga una notable colección de retratos femeninos. Fueron pintados en el siglo XVII por la princesa Ernestina de Nassau-Siegen, cuya hija se casó con el tercer príncipe Lobkowicz. La curiosa **Sala de los Pájaros** contiene cuadros de aves hechos con plumas reales, colgados en ramas pintadas en las paredes. La visita termina en el salón de música y la capilla familiar.

HRADČANY

Jiřská 3, Castillo de Praga, Praga 1 • 702 201 145 • *lobkowicz.cz* • 360 czk (audioguía incluida) • Metro: Malostranská • Tranvía: 22, 23

La ciudad de los reyes

La dinastía Premislida estableció fortalezas en Hradčany, en la orilla occidental del Moldava, y Vyšehrad, en la orilla oriental. En el siglo xiv, el emperador Carlos IV emprendió un ambicioso programa de construcción que transformó zonas enteras de la ciudad. Solo dos emperadores Habsburgo hicieron de Praga su capital, y ambos construyeron numerosos palacios barrocos.

El promontorio de Vyšehrad, donde se alzaba una antigua fortaleza premislida.
Pág. siguiente: mosaico de la Puerta Dorada de la Catedral de San Vito; las dos figuras bajo el panel central son el emperador Carlos IV y su esposa Isabel.

Mitos fundacionales

Profecías, intrigas palaciegas, asesinatos, matrimonios estratégicos y ventas de tierras son acontecimientos imprescindibles en la historia de todas las familias reales, y los primeros príncipes de Bohemia no son una excepción. Según las leyendas checas, el mítico señor de la guerra, Kroc, cuya hija Libuše se casó con el campesino Přemysl (ver recuadro de la pág. 144), fue el primero en fundar una fortaleza en **Vyšehrad**, que a finales del siglo x pasó a ser propiedad de los Přemyslid o Premislidas. En el siglo xi, Bratislao II la eligió como residencia y reforzó sus fortificaciones.

Ruinas antiguas

Hoy en día, bajo tierra, quedan pocos vestigios de las fortalezas originales de los Premislidas, pero aún se puede descifrar si sabes dónde mirar. En el Castillo de Praga, en el paso norte entre el primer y el segundo patio, desde el exterior de la **Sala Española**, se pueden ver los muros parcialmente excavados de las antiguas almenas.

HRADČANY

Otros se encuentran bajo las rejas del lado sur de la **Catedral de San Vito** (ver págs. 120-122). Justo al otro lado de la calle, en la **Basílica de San Jorge** (ver págs. 122-123), se encuentran las tumbas de Bratislao I (reinó entre el 915 y el 921) y Boleslao II, llamado el Piadoso (reinó entre el 972 y el 999), príncipes Premislidas.

Lazos de sangre

La **Puerta Dorada**, en la fachada sur de San Vito, se caracteriza por un mosaico gótico en cuya base están representados Carlos IV y su cuarta esposa, Isabel de Pomerania. Carlos, hijo de Juan de Luxemburgo, que se convirtió en rey de Bohemia en 1346 y emperador del Sacro Imperio Romano Germánico en 1355, hizo remontar oportunamente su ascendencia a los Premislidas a

CAMINO **REAL**

Para llegar al Castillo de Praga (Pražský hrad; ver págs. 118-124) y ser coronados, los reyes de Bohemia seguían el llamado «camino real» a través del centro de Praga. Desde Celetná, a Staré Město, continuaban por Karlova y luego por el **Puente de Carlos** (Karlův most; ver págs. 54-55), por **Nerudova** (ver págs. 98-99) en dirección oeste hasta el **Monasterio de Strahov** (Strahovský klášter; ver págs. 104-107). Aquí, la procesión giraba hacia el este hasta la **Plaza Hradčany** (Hradčanské náměstí; ver págs. 124-125), deteniéndose finalmente en el patio.

Carlos IV mandó construir el Muro del Hambre para ofrecer trabajo a los pobres.

través de su abuela paterna. Entre los muchos edificios que mandó construir Carlos, figura el **Muro del Hambre**, una muralla blanca y lmenada que se extiende a lo largo de la colina de Petřín, en Malá Strana (ver pág. 103), encargada para dar trabajo a los pobres. En 1348 fundó la **Universidad Carolina**, una de las primeras y más importantes universidades de Europa Central, que sigue en activo. El edificio gótico original, frente al Teatro Estatal de Staré Město, acoge las ceremonias de graduación.

El tiempo libre de los emperadores

La dinastía de los Habsburgo, que gobernó el Sacro Imperio Romano Germánico desde el siglo XV y se aseguró el trono de Bohemia en el siglo XVI, afirmaba descender de los Premislidas. La mayoría de los emperadores Habsburgo gobernaron desde la corte de Viena, y solo dos soberanos eligieron Praga como capital. Fernando I, rey de Bohemia en 1526 y emperador del Sacro Imperio Romano Germánico en 1558, encargó los **Jardines Reales** (ver pág. 134) como laboratorio de botánica y ciencias naturales, un tema que fascinaba a todos los nobles en aquella época de descubrimientos. El Palacio de Verano de la reina Ana fue su proyecto principal, en 1538. El cercano Campo de Juego de Pelota se construyó muy rápidamente y data de 1567. Los momentos de ocio de antaño se reviven hoy con exposiciones y conciertos al aire libre. El nieto de Fernando, el inconformista Rodolfo II (reinó entre 1576 y 1611), estableció su corte en Praga. A su alrededor, en Hradčany, reunió a los personajes más originales del Renacimiento tardío, entre ellos los alquimistas Edward Kelley y John Dee, y los astrónomos Tycho Brahe y Johannes Kepler. Rodolfo también fue mecenas de las artes y lo que queda de su vasta colección se conserva en la **Pinacoteca del Castillo de Praga** (ver pág. 118).

El tesoro escondido

Hay una zona del castillo rigurosamente «blindada». La sala de la Catedral de San Vito está protegida por siete llaves, custodiadas por personalidades políticas y religiosas del país. Aquí se conservan las joyas de la Corona: la corona de San Wenceslao, el cetro real, el globo imperial, el cojín, la espada, el relicario de la Cruz y las vestiduras. Las insignias solo se muestran en eventos estatales especiales. Según la leyenda, quien se atreviera a ponerse la corona moriría en el plazo de un año. El gobernador nazi Reinhard Heydrich, que fue asesinado por un grupo de partisanos checoslovacos, parece que unos meses antes se había puesto la corona.

Para su coronación, Carlos IV y sus sucesores de Bohemia llevaron la corona de San Wenceslao.

Jardines secretos

Praga es especialmente rica en espacios verdes, muchos de ellos amplios, teniendo en cuenta el valor de los terrenos en el centro de la ciudad.

Los parques y jardines ofrecen un espacio para el descanso y la contemplación, que en otros tiempos era exclusivo de reyes y monjes.

HRADČANY

■ JARDINES REALES

Sin duda, el espacio verde más elegante de Praga, los Jardines Reales (Královská zahrada) del castillo, eran el lugar de recreo de los soberanos y sus consortes. En el lado este se encuentra uno de los palacios renacentistas más bellos de Bohemia, el **Palacio de Verano de la Reina Ana**. Lamentablemente, la reina nunca llegó a disfrutarlo, ya que falleció antes de su finalización. Otros lugares destacados incluyen el **Orangerie** y el **Campo de Juego de Pelota**, del siglo XVI.

Mariánské hradby, Praga 1 •
Metro: Malostranská • Tranvía: 22, 23

■ JARDINES LEDEBOURG

Busca la discreta entrada, en la escalera antigua (Staré zámecké schody), que conecta el lado este del castillo con Malá Strana, más abajo. La escalera une una serie de jardines en terrazas que descienden por la ladera hasta la parte trasera del Palacio Pálffy (Pálffyovský palác), en Valdštejnská. La ruta evita las multitudes y los puestos de recuerdos que abarrotan las calles más populares de Hradčany. Descuidada durante la era comunista, el itinerario ha sido restaurado, con financiación del príncipe Carlos.

Staré zámecké schody, Praga 1 •
Metro: Malostranská • Tranvía: 22

■ JARDINES VRTBA

Diseñados en 1720, esta joya barroca de Malá Strana se puede contemplar desde lo alto, desde un mirador con estatuas de divinidades esculpidas por Matthias Braun. Las flores y los setos cuidadosamente recortados forman bonitos motivos ornamentales en los jardines aterrazados.

Karmelitská 25, Praga 1 • 603 233 912 • 150 czk •
Metro: Malostranská • Tranvía: 22

El Jardín florido de Petřín es tranquilo y apartado.

■ JARDÍN FLORIDO DE PETŘÍN

El Jardín florido (Květnice) se
encuentra cerca de la famosa Rosaleda
(Růžová zahrada) y del Observatorio,
en la colina Petřín. Cuenta con
abundantes parterres de bulbos
y plantas perennes.

Karmelitská, Praga 1 • Metro: Malostranská •
Tranvía: 20, 22

■ JARDÍN FRANCISCANO

Para escapar del bullicio de la Plaza
de Wenceslao en Nové Město,
los praguenses visitan este jardín
amurallado, que antiguamente
formaba parte del monasterio
franciscano, cuando hace buen tiempo.
Utilizan la entrada oculta en la galería
comercial Světozo de la calle
Vodičkova. El Jardín Franciscano
(Františkánská zahrada) ofrece
tranquilos senderos, un parque infantil
y bancos. Creado en 1604 como jardín
botánico para los monjes, fue abierto
al público alrededor de 1950 por el
gobierno comunista. Hoy en día,
el único recuerdo de los franciscanos
es la adyacente Iglesia de Nuestra
Señora de las Nieves.

Entre Vodičkova y Václavské náměstí, Praga 1 •
Metro: Můstek • Tranvía: 3, 9, 14, 24

HRADČANY

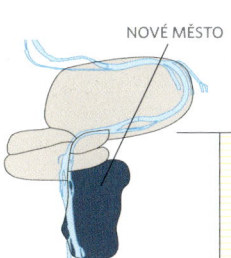
Nové Město

El nombre de Nové Město (Ciudad Nueva) y su aspecto urbano moderno son fruto de la visión de Carlos IV, emperador del Sacro Imperio Romano Germánico y gran rey de Bohemia, quien en el 1348 estableció el trazado del sur de Staré Město. La riqueza y el poder comercial de Praga durante el reinado carolingio se reflejan en la cantidad de terrenos que Carlos mandó desecar para construir grandes mercados al aire libre, especialmente donde hoy se encuentran la Plaza de Wenceslao y la Plaza de Carlos. Estos dos largos rectángulos, junto con las calles circundantes, los parques, las iglesias y las tiendas, siguen formando un dinámico centro comercial que constituye la base del barrio. La mejor panorámica de Nové Město, delimitado al oeste por el Moldava, es probablemente la que se disfruta desde el paseo junto al río a última hora de la tarde, cuando el sol roza las fachadas *art nouveau* de los edificios residenciales.

◄ **Con sus atrevidas líneas curvas y sus ventanas inclinadas, la Casa Danzante no puede pasar desapercibida en la ribera de Nové Město.**

Nové Město

Con amplias avenidas, importantes museos, galerías comerciales de moda y parques muy acogedores, el corazón de la ciudad tiene un estilo inimitable.

❶ Plaza de Wenceslao (ver pág. 140). Disfruta de las joyas arquitectónicas de la plaza y luego da un paseo hacia el extremo sureste hasta el Museo Nacional.

❷ Museo Nacional (ver págs. 146-147). El Museo Nacional se construyó para celebrar la identidad checoslovaca. Visita el ala moderna y el edificio histórico. A continuación, vuelve a la Plaza de Wenceslao.

❸ Pasaje Lucerna (ver pág. 141). Esta galería comercial de la época del *jazz* cuenta con grandes escaleras, salas de conciertos y boutiques. Explora sus salas con techos de cristal y luego gira a la izquierda en Vodičkova.

❾ Teatro Nacional (ver pág. 145). Termina el día como lo hacen los checos, yendo al teatro a ver un *ballet*, una ópera o una obra de teatro.

❽ Casa Danzante (ver pág. 144). Conocida como «Fred y Ginger», esta torre de oficinas combina inspiración, arquitectónica y buena cocina. Toma el tranvía 17 en dirección norte.

San Pablo (ver págs. 143-144).
Explora la iglesia y el cementerio adyacente, que rinde homenaje a los artistas checos. Baja al río y toma el tranvía 17 en dirección norte, hacia la Casa Danzante.

⑥ Vyšehrad y Rotonda de San Martín (ver pág. 143).
Edificios y ruinas, entre los que se encuentra la Rotonda de San Martín, dominan el horizonte de la ciudad desde lo alto, encaramados sobre el Moldava. Camina hacia el oeste en dirección a la Basílica de San Pedro y San Pablo.

④ Plaza de Carlos y Ayuntamiento de la Ciudad Nueva (ver págs. 141-142).
El Ayuntamiento de la Ciudad Nueva alberga exposiciones de arte y una cafetería de moda, pero también puedes relajarte en esta plaza, donde antiguamente se celebraba el mercado, y luego girar a la derecha por Resslova.

⑤ Catedral de San Cirilo y San Metodio (ver págs. 142-143).
Esta iglesia muestra las huellas de una batalla entre alemanes y checos en el verano de 1942. Después de visitar la exposición de la cripta, toma el tranvía 18 o 24 y baja en Albertov.

(Národního muzea)

Map labels:
RUMUNSKÁ
ANGLICKÁ
LEGEROVA
SOKOLSKÁ
ŽITNÁ
JEČNÁ
I.P. Pavlova
SEKANINOVA
JAROMÍROVA
ČIKLOVA
5. KVĚTNA
Vyšehrad
NOVÉ MĚSTO
BENÁTSKÁ
BOTANICKÁ ZAHRADA
NA SLUPI
VNISLAVOVA
VYŠEHRAD
VYŠEHRADSKÝ HŘBITOV
Karlovo náměstí
KARLOVO NÁMĚSTÍ
RAŠÍNOVO NÁBŘEŽÍ
Vltava
PALACKÉHO MOST
JIRÁSKŮV MOST

④ Plaza de Carlos - Ayur tamiento de la Ciudad Nueva (Karlovo náměstí - Novoměstská radnice)

(Pravoslavný katedrální chrám sv. Cyrila a Metoděje)

⑧ Casa Danzante (Tančící dům)

⑥ Vyšehrad - Rotonda de San Martín (Vyšehrad - Rotunda sv. Martina)

⑦ Basílica de San Pedro y San Pablo (Bazilika svatého Petra a Pavla)

0 — 600 metros

NOVÉ MĚSTO
DURACIÓN: 6-7 H
DISTANCIA: 5 KM APROX.
ESTACIÓN DEL METRO: MŮSTEK

NOVÉ MĚSTO

ITINERARIO A PIE | 139

NOVÉ MĚSTO

Plaza de Wenceslao

1 Lugar donde se celebraba un gran mercado de caballos en la Edad Media y donde los checos reclamaron la libertad al gobierno comunista en 1989, la Plaza de Wenceslao (Václavské náměstí) es un rectángulo de 750 por 60 m que parece una avenida, pero es mucho más. Flanqueada por edificios con fachadas históricas, es el lugar donde Praga se exhibe. No te pierdas la tienda funcionalista **Bata** (*n.º* 6); el **Palác Koruna** *art nouveau* (*n.º* 1) de los arquitectos Antonín Pfeiffer y Matěj Blecha, con las estatuas de Vojtěch Sucharda alrededor de la cúpula; la fachada de los años cincuenta del **Hotel Jalta** (*n.º* 45; ver pág. 150 para visitar el búnker nuclear de la Guerra Fría); y el elegante edificio **Melantrich** (*n.º* 36), construido en 1914, desde cuyo balcón el dramaturgo y futuro presidente Václav Havel, junto con el primer secretario del Partido Comunista Checoslovaco, Alexander Dubček, inspiraron a la multitud en noviembre de 1989, durante la Revolución de Terciopelo que puso fin al gobierno comunista. Lo completan *boutiques*, galerías de arte y puestos de salchichas. En el lado sureste, frente al Museo Nacional (Národní muzeum), se sitúa la estatua a caballo de San Wenceslao (Pomník sv. Václava), duque de Bohemia en el siglo X y protagonista de la canción «El buen rey Wenceslao».

Entre Na Příkopě y Wilsonova, Praga 1 • Metro: Můstek, Muzeum • Tranvía: 3, 9, 14, 24

Estatua de San Wenceslao a caballo, patrón de los checos, en la plaza que lleva su nombre.

Museo Nacional

2 Ver págs. 146-147.

Václavské náměstíí 68, Praga 1 • *nm.cz* • 224 497 111 • 300 czk • Metro: Muzeum • Tranvía: 11, 13

Pasaje Lucerna

3 Esta famosa galería comercial conecta las calles Štěpánská y Vodičkova con la Plaza de Wenceslao. Repleta de tiendas y elegantes cafés, con amplias salas de conciertos y bares en el sótano, fue un símbolo de la vida urbana moderna. Hoy, se puede disfrutar de un concierto de *jazz* o de una actuación de danza en la sala que una vez albergó a Louis Armstrong y Josephine Baker. El edificio sigue siendo propiedad de la familia Havel, y la galería comercial atrae a los praguenses que disfrutan de un expreso y un trozo de pastel en el bar del cine, con vistas a una estatua invertida de San Wenceslao, obra del artista checo David Černý. Aquí se encuentran librerías y tiendas, entre ellas **Bella Donna**, que vende ropa italiana, y la exclusiva **Antik Lucerna**, una tienda que vende antigüedades, pinturas y porcelana.

Una cafetería en el Pasaje Lucerna.

Vodičkova 36, Praga 1 • *lucerna.cz* • Metro: Můstek • Tranvía: 3, 9, 14, 24

Plaza de Carlos y Ayuntamiento de la Ciudad Nueva

4 En el lado norte de la Plaza de Carlos (Karlovo náměstí), la mayor de las plazas históricas de Praga, se encuentra el Ayuntamiento de la Ciudad Nueva (Novoměstská radnice; *nrpraha.cz, 224 947 190, torre 100 czk, cerrado de diciembre a marzo y lu.*). Construido alrededor de 1360; parte de los proyectos del emperador Carlos IV de expansión de la ciudad, y tiene una apariencia sorprendentemente moderna. Menos de un siglo después, los husitas protestantes, liderados por el sacerdote radical Jan Želivský, perfeccionaron su técnica de protesta política defenestrando al alcalde católico corrupto y a sus funcionarios de la torre de arenisca de 70 m del edificio. Desde el mismo lugar de este acto de rebelión, cuyo recuerdo permanece vívido en la memoria colectiva de los residentes de Praga, se obtiene la mejor vista de la plaza. En el lado suroeste se alza la barroca **Casa de Fausto** (Faustův dům), donde, según la leyenda, el diablo intercambió enormes riquezas por un alma. La casa, rodeada de numerosos bancos, es un pintoresco lugar de comidas para los praguenses.

Entre Žitná y U Nemocnice, Praga 2 • *nrpraha.cz* • 221 714 714 •
Metro: Karlovo náměstí • Tranvía: 3, 6, 18, 22, 24

Catedral de San Cirilo y San Metodio

5 Es fácil pasar por alto las coronas y velas que se dejan perpetuamente junto a la entrada lateral de la cripta, acribillada de proyectiles, de la barroca Catedral de San Cirilio y San Metodio (Katedrální Chrám sv. Cyrila a Metoděje). Conmemoran el tiroteo del 18 de junio de 1942 entre las SS y siete partisanos checos entrenados por los británicos que se escondían en la cripta. El 27 de mayo, los partisanos asesinaron al nazi

Un sacerdote ortodoxo checo celebra misa en la Catedral de San Cirilo y San Metodio.

Reinhard Heydrich, gobernador del Protectorado de Bohemia y Moravia. Tras un tiroteo que duró varias horas, los partisanos prefirieron suicidarse antes que ser capturados. Una **placa** conmemora el episodio con una exposición en el pequeño **museo** del interior de la cripta (entrada desde Na Zderaze), que narra la escalofriante persecución que llevó a la destrucción de los pueblos de Lidice y Ležáky por parte de los nazis y las últimas y desesperadas horas de vida de los partisanos.

Resslova 9, Praga 2 • *katedrala.info* • 608 214 913 • Metro: Karlovo náměstí • Tranvía: 3, 6, 18, 22, 24

Vyšehrad y Rotonda de San Martín

6 La subida a la fortaleza en ruinas de Vyššehrad, en un alto promontorio, merece la pena por la atmósfera histórica que envuelve los restos dispersos de las fortificaciones y los edificios religiosos. En el siglo X, la fortaleza fue la sede de los reyes Premislidas. Entre las espeluznantes estatuas de la fortaleza destaca la románica Capilla de San Martín (Rotunda sv. Martina), del siglo XI. De forma circular (para que el diablo no tuviera ningún rincón donde esconderse), es la única construcción que queda del castillo original y una de las tres rotondas medievales que aún existen en la ciudad. Abierta en contadas ocasiones, la capilla se caracteriza por su severa sacralidad.

V Pevnosti 5b, Praga 2 • *praha-vysehrad.cz* • 778 495 859 • Metro: Vyšehrad • Tranvía: 3, 7, 14, 17, 18, 24

Basílica de San Pedro y San Pablo

7 La Basílica de San Pedro y San Pablo (Bazilika sv. Petra a Pavla), con sus imponentes agujas del siglo XIX, domina la colina donde se desarrolló el mito fundacional de Praga (ver

DÓNDE **COMER**

■ JÁMA
En este *pub* internacional encontrarás una gran variedad de excelentes cervezas, una hamburguesa con beicon y queso de primera calidad y todos los clásicos checos. Tiene un tranquilo patio trasero. **V Jámě 7, 603 831 784, €-€€**

■ BREDOVSKÝ DVŮR
Cerca de la estación de tren, este restaurante-cervecería combina una excelente cocina con una Pilsen realmente buena. **Politických vězňů 13, 224 215 427, € €**

■ THE GLOBE BOOKSTORE & COFFEEHOUSE
Cocina mexicana, *brunch* y cafés acompañan la lectura de libros y el visionado de películas y eventos deportivos. **Pštrossova 6, 224 934 203, €€**

UNA **CURIOSIDAD**

Entre los mitos eslavos más conocidos se encuentra el de Libuše, una princesa guerrera que, según se dice, vivió en la colina donde luego se construyó la fortaleza de Vyšehrad. Al igual que muchos otros pueblos europeos, los mitos fundacionales de los checos están relacionados con la agricultura. Según una versión, Libuše tuvo la visión de una futura gran ciudad que nacería de su unión con un campesino, por lo que se casó con un hombre llamado Přemysl y fundó la dinastía que construiría la Ciudad Dorada. Las figuras de Libuše y Přemysl con el caballo y el arado figuran en los sellos oficiales y en los edificios municipales.

recuadro de la pág. 144). La iglesia de arenisca, ennegrecida por los siglos, comenzó siendo una capilla en el siglo XI y se amplió hasta alcanzar su forma neogótica actual. El arquitecto Josef Mocker añadió el elaborado rosetón y las altas torres (58 m) durante la reconstrucción de 1885-1903.

El fascinante bajorrelieve de *El Juicio Final,* del escultor Štěpán Zálešák, en la portada principal, data del mismo período. En el cementerio junto a la iglesia se encuentra la tumba monumental **Slavín**, lugar de enterramiento de cincuenta y cinco famosos artistas y escritores checos, entre ellos el pintor Alphons Mucha, el arquitecto Josef Gočár y los compositores Antonín Dvořák y Bedřich Smetana.

K Rotundě 100/10, Praga 2 • *prague.cz, kkvys.cz* • 224 911 353 • 130 czk • Metro: Vyšehrad • Tranvía: 3, 7, 17, 24

Casa Danzante

8 Parece mecerse con los movimientos de una famosa pareja de baile de Hollywood: es la Casa Danzante (Tančící dům), conocida como «Fred y Ginger». El ambicioso proyecto del checo-croata Vlado Milunić y el californiano Frank O. Gehry se alza en un sitio histórico junto al río y se completó en 1996 con el apoyo financiero de Václav Havel. El edificio alberga oficinas, pero en la parte superior se encuentra el **Ginger&Fred Restaurant** (*ginger-fred-restaurant.cz, 601 158 828, €€€€-€€€€€*), que ofrece una cocina de alta calidad y buenas vistas, mientras que en la planta baja hay una galería de arte contemporáneo (*galerietancicidum.cz*).

Jiráskovo náměstí 6, Praga 2 • Metro: Karlovo náměstí • Tranvía: 5, 17

Teatro Nacional

9 Los patriotas checos, con su pasión por el *divadlo* (teatro), eran tan devotos de este edificio (Národní divadlo) que recaudaron fondos dos veces para su construcción. Inaugurado en 1881, el teatro original se quemó hasta los cimientos poco después. En dos años, se construyó uno nuevo, con iluminación eléctrica moderna y vigas de acero. El teatro alberga obras clásicas y modernas, teatro y *ballet*. Compra una entrada para la galería si deseas empaparte de la atmósfera neorrenacentista con lámparas de araña, techos con frescos y palcos con ricas barandillas. Para algo más moderno, dirígete al Nuevo Escenario (Nová scéna), en la cercana torre de vidrio soplado, donde se presentan representaciones teatrales y las producciones de Laterna magika, que combinan danza, música, audiovisuales y efectos especiales.

Národní 2, Praga 1 • *narodni-divadlo.cz* • 224 901 448 • El precio de las entradas depende del programa • Metro: Můstek, Národní Třída • Tranvía: 6, 9, 17, 18, 22

Una interpretación de *El jacobino*, de Antonín Dvořák, en el Teatro Nacional.

Museo Nacional

En este grandioso edificio y en el Ala Nueva se albergan las colecciones nacionales de prehistoria, historia checa e historia natural.

En el vestíbulo del **Museo Nacional** se celebran conciertos, una buena ocasión para disfrutar también del ambiente interior.

El Museo Nacional (Národní muzeum) fue fundado en 1818 para reunir y consolidar la naciente identidad bohemia y su glorioso pasado. El edificio histórico de mediados del siglo XIX, obra de Joseph Schulz, reabierto en 2018 tras una remodelación, encarna el estilo monumental del movimiento nacionalista checo. La fachada neorrenacentista, con columnas, arcos y figuras alegóricas, contrasta con la estructura modernista de cristal del Ala Nueva, situada justo al lado.

NOVÉ MĚSTO

■ SALAS Y HÉROES

El interior del siglo XIX del Museo Nacional es su principal atractivo, y el vestíbulo de la primera planta es impresionante. Las escaleras, ricamente decoradas, abarcan tres plantas con paredes de mármol artificial, balaustradas y pasarelas, todo ello iluminado por la luz natural en constante cambio que se filtra a través de la cúpula de cristal. En la primera planta, el magnífico espacio está repleto de bustos de hombres y mujeres considerados héroes nacionales que se distinguieron en los campos de la diplomacia, la ciencia y las artes. Sube a la cúpula para disfrutar de una vista espectacular.

■ HISTORIA VIVA

Las colecciones del Museo Nacional incluyen miles de objetos, desde la historia antigua y moderna pasando por la paleontología, la antropología, la arqueología, la mineralogía y la numismática. Algunas de las piezas más valiosas se remontan a la Antigüedad griega y romana, mientras que otras ilustran el desarrollo y la cultura del pueblo checoslovaco hasta la actualidad. El hallazgo más

UNA **CURIOSIDAD**

Las obras de renovación del edificio principal, finalizadas en 2018, han ampliado el espacio para las colecciones. Las permanentes se están reorganizando para ser expuestas en ambos edificios, mientras que los dos patios del ala principal cuentan con nuevos techos de cristal que proporcionan más espacio para exposiciones temporales. Desde 2019, un pasaje subterráneo conecta los dos edificios.

«voluminoso» es el esqueleto de una ballena presente desde 1887 y que se ha convertido en el símbolo del museo.

■ AÑADIDOS MODERNOS

Las plantas inferiores del Ala Nueva albergaban antiguamente la Bolsa de Valores. En los años setenta, durante la época comunista, se añadieron las plantas superiores, constituidas por una plataforma de cristal y hormigón sostenida por columnas. Tras la Revolución de Terciopelo, el edificio albergó las oficinas de Radio Free Europe y, desde 2009, es la nueva sede del Museo Nacional. La segunda planta alberga el Museo de los Niños, un centro educativo interactivo dedicado a los más pequeños.

Václavské náměstí 68, Praga 1 • *nm.cz* • 224 497 111 • 300 czk (depende de la exposición) • Metro: Muzeum • Tranvía: 11, 13

El legado soviético

En el verano de 1945, mientras 1500 checos morían en un levantamiento contra los alemanes, el Ejército Rojo negoció con el general Eisenhower, comandante de las fuerzas aliadas en Europa, el derecho a liberar Praga alegando que sus tropas estaban más cerca de lo que estaban. El engaño funcionó y, una vez instalados, los rusos permanecieron en Praga hasta 1989.

El Monumento a las Víctimas del Comunismo, al pie de la colina de Petřín.
Pág. siguiente: una cruz en el pavimento indica el lugar donde Jan Palach se prendió fuego en señal de protesta en la Plaza de Wenceslao.

Un vacío en la plaza

La fachada norte del **Ayuntamiento de la Ciudad Vieja** (Staroměstská radnice; ver pág. 63), en Staré Město, fue destruida en mayo de 1945 por la artillería y los bombardeos alemanes. El ataque estaba dirigido contra los miembros de la Resistencia checa que, durante el Levantamiento de Praga, habían escondido armas robadas en el sótano (todavía se pueden ver las vigas quemadas). En todo el centro de la ciudad, hay placas de bronce que indican los lugares donde murieron los miembros de la Resistencia: una mano esculpida con los dedos índice y corazón levantados. En los edificios que rodean la Plaza de la Ciudad Vieja y la **Plaza de Wenceslao** (ver pág. 140), que entonces estaban llenos de barricadas, hay decenas.

Más que un museo

La posición dominante del Museo Nacional, en lo alto de la Plaza de Wenceslao, lo situaron en primera línea de fuego en más de una ocasión. Hasta su renovación, conservaba las marcas de los disparos de ametralladoras y fusiles durante la invasión soviética de 1968, tras la Primavera de Praga. Moscú había ordenado sofocar con tanques la libertad de expresión y otras reformas cívicas que el primer secretario del Partido Comunista, Alexander Dubček, había autorizado.

Antorcha n.º 1

En la zona peatonal que rodea la estatua ecuestre de San Wenceslao, en la parte alta de la plaza, hay un monumento conmemorativo que indica el lugar donde Jan Palach se prendió fuego el 16 de enero de 1969. Jan, estudiante de la Universidad Carolina, cometió este gesto extremo para protestar contra la ocupación soviética de 1968 que había acabado con toda esperanza de reforma. El joven dejó una nota firmada como «Antorcha n.º 1», lo que provocó frenéticas investigaciones en los círculos gubernamentales en un intento por restablecer el control sobre lo que pensaban que

El festival internacional de música **Primavera de Praga** es uno de los festivales de música clásica más importantes del mundo. Acoge a los mejores intérpretes de orquestas sinfónicas y de cámara y se celebra cada año entre mayo y junio. Nacido durante las primeras celebraciones del fin de la Segunda Guerra Mundial, el festival vio el debut internacional del célebre director Leonard Bernstein en 1946. Los conciertos y espectáculos se reparten por toda la ciudad y resaltan sus pintorescos rincones.

NOVÉ MĚSTO

sería un movimiento suicida masivo. Al final, otros dos jóvenes siguieron los pasos de Palach: Jan Zajíc y Evžen Plocek.

El metro

Tras la caída de Dubček, los soviéticos implementaron la «normalización», restaurando las condiciones políticas y sociales previas a la reforma. Uno de los pocos aspectos positivos fue la construcción del metro en la década de 1970. Algunas estaciones de Moscú recibieron el nombre de Praga, mientras que una de la línea B se llamó Moskevská, ahora **Anděl** (Ángel). Un friso de época en una escalera mecánica conserva el antiguo nombre, lo que convirtió la estación en un popular escenario de rodaje cinematográfico.

Refugios subterráneos

La Plaza de Wenceslao está repleta de recordatorios de regímenes. El **Hotel Jalta** (*Václavské náměstí 45, hoteljalta.com*), de la década de 1950, inauguró varios búnkeres de la Guerra Fría enterrados bajo su vestíbulo. El personal estará encantado de guiar a los visitantes en recorridos por la sala de radio secreta, el quirófano improvisado y las viviendas para unos pocos elegidos (pocos conocían la existencia de estos refugios estratégicos contra la radiación). El Parque Parukářka, en Žižkov, también cuenta con una extensa red de túneles y búnkeres. Hoy, las estructuras de hormigón cubiertas de grafitis de la calle Prokopova albergan un bar, el **Bunkr Parukářka**, una colección de uniformes comunistas, máscaras de gas, y una agencia. Si logras encontrar la entrada (la puerta de acero en el lado oeste de Prokopova), podrás asistir a un concierto.

Un mausoleo fantasmal

Los empinados senderos que suben por la colina de Vítkov (Žižkov) desde la parada de tranvía de Tachovské náměstí, en Husitská, llegan a un monumento conmemorativo situado justo al norte de Parukářka, el recuerdo más evidente de los tiempos oscuros del comunismo. Construido en la década de 1920 en honor a los legionarios checos que lucharon contra los Habsburgo en la Primera Guerra Mundial, vigilado por la estatua ecuestre del líder husita del siglo xv Jan Žižka, el **Mausoleo Nacional** (Národní památník na Vítkově; *U Památníku 1900, vhu.cz, 224 497 603, cerrado lu.*) albergó los restos de tres presidentes comunistas. Hoy es sede de una exposición sobre la Checoslovaquia del siglo xx.

La marcha estudiantil

Fueron los estudiantes quienes encabezaron la manifestación masiva que finalmente derrocó al régimen comunista checo en noviembre de 1989. Un monumento de bronce en **Národní n.º 16**, en Nové Město, conmemora el lugar donde algunos de los 10 000 manifestantes se enfrentaron a los antidisturbios el 17 de noviembre, Día Internacional de los Estudiantes. El 18 de diciembre de 2011 se depositaron flores y velas en el monumento para rendir homenaje a la memoria del presidente Václav Havel.

El coste humano

Al otro lado del Moldava, en Malá Strana, se alza el **Monumento a las Víctimas del Comunismo** (Pomník obětem komunismu; *Újezd e Vítězná*), obra del escultor Olbram Zoubek, en 2002, y los arquitectos Jan Kerel y ZdeněkHölzl. Consiste en una serie de figuras humanas (rotas, ahuecadas, desnudas) que descienden por la colina de Petřín a lo largo de una franja metálica con los nombres de 205 486 personas detenidas, 170 938 exiliadas, 4500 que murieron en prisión y otras 575 que murieron violentamente a manos del Estado entre 1948 y 1989.

Homenaje del pueblo a Václav Havel en la Plaza de Wenceslao tras su muerte.

Panorámicas de la ciudad

Rodeada de colinas y repleta de altas torres y agujas, Praga regala a los turistas una gran variedad de panorámicas. Desde los jardines situados en las zonas elevadas hasta las torres. Además, se puede subir a los tejados de los edificios para admirar de cerca las numerosas estatuas que hay por la ciudad.

■ VESTIGIOS ANTIGUOS

Para sentir la emoción de los antiguos checos preparándose para la batalla, sube la colina hasta las ruinas de **Vyšehrad** (ver pág. 143). Aquí, a solo 13 min en tranvía del centro de Praga, podrás ver el río Moldava al oeste y la ciudad al norte. La Rotonda de San Martín, del siglo XI, el cementerio con las lápidas de los héroes nacionales y las murallas del Castillo de los Premislidas brillan con la luz de la tarde.

■ VISTA DEL CENTRO HISTÓRICO

Desde lo alto de la **Torre del Ayuntamiento de la Ciudad Vieja** (ver pág. 63) Staré Město está tan cerca que casi parece que se puede tocar. La vista de 360 º abarca la Torre de la Televisión Žižkov al sureste, el Museo Nacional en la Plaza de Wenceslao al sur, el Monasterio de Strahov al oeste y las colinas boscosas del Parque Letná al norte. Son pocos los turistas que suben a la torre del Ayuntamiento de la Ciudad Vieja, pero si quieres disfrutar de las vistas en solitario, prueba a subir a la azotea de los grandes almacenes **Kotva,** tan pronto como vuelvan a abrir al público (ver pág. 45; *Nàměstì Republiky 8, Praga 1, 224 801 691),* visitado y conocido solo por los praguenses.

■ PERSPECTIVAS DESDE LA ORILLA IZQUIERDA

La bohemia de la era industrial perdura en Malá Strana, donde subir los 299 escalones de la torre panorámica (ver pág. 103) de la **colina Petřín,** conduce a dos terrazas que se mecen en los días ventosos. De espaldas a los suburbios de la era comunista al oeste, se pueden ver monumentos como la Iglesia de San Nicolás, con sus agujas, en la orilla opuesta del río, el Teatro Nacional y, más allá, el Mausoleo Nacional en la colina Vítkov. Con 57 m, la torre sur de

Desde la terraza del Pabellón Hanavský se disfruta de una vista espectacular.

la **Catedral de San Vito** (ver págs. 120-122) ofrece una vista aérea del Castillo de Praga con la ciudad extendiéndose en todas direcciones y las cercanas gárgolas neogóticas.

■ Vista desde la terraza
Ningún lugar en Praga supera al **Pabellón Hanavský** (ver pág. 158), una estructura de hierro, vidrio y hormigón situada en el Parque Letná de Holešovice, por sus vistas de los puentes del Moldava, hacia el sur desde un cierto ángulo, se convierten en uno solo. Es un lugar ideal para tomar una Pilsner al atardecer, cuando se encienden las luces del Puente de Carlos. La espectacular iluminación acaricia los arcos, el Castillo de Praga y las agujas de la Iglesia de Týn, en la Plaza de la Ciudad Vieja.

■ La ciudad desde la colina
Probablemente, la mejor vista del Castillo de Praga se tiene desde lo alto del **Mausoleo Nacional** (ver pág. 151) en la colina de Vítkov, en el barrio de Žižkov. Desde la estatua ecuestre del general Jan Žižka, mira hacia el oeste: toda la ciudad se extiende a tus pies y, a lo lejos, el castillo, arropado por las torres de la Catedral de San Vito.

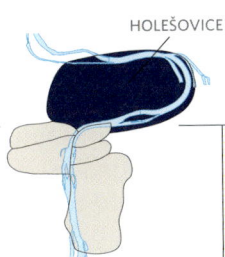

Holešovice

Los praguenses adoran la vista del centro histórico desde el Parque Letná, en Holešovice, un barrio cada vez más de moda que ahora atrae a muchos turistas. Rodeada por una curva en el río Moldava al norte de Josefov, esta zona de antiguos edificios industriales ha experimentado profundos cambios. El pabellón neobarroco Hanavský en el Parque Letná, un legado de la Exposición Universal de 1891, se encuentra donde una vez se asentaron las tribus de la Edad de Bronce. El Palacio Veletržní, donde se realizaban las ferias comerciales que promovían las últimas tendencias en arte durante la década de 1920 ahora alberga la colección de arte moderno y contemporáneo de la Galería Nacional. Hoy, las ferias se celebran en el Recinto Ferial, que alberga el Planetario de Praga, inaugurado en 1935, y la vasta colección de esculturas del Lapidárium. Las muchas fábricas en desuso del barrio se están reutilizando como espacios de exhibición para el arte y el diseño.

◄ **La torre del reloj de hierro forjado, de 50 m de altura, embellece el Palacio de la Industria del Recinto Ferial.**

Holešovice

Situado en los límites del centro histórico, el barrio de Holešovice cuenta con museos, galerías de arte de vanguardia y amplios parques.

6 **U Průhonu** (ver pág. 161). Explora esta calle y la zona circundante para descubrir multitud de pequeñas tiendas y galerías de arte ubicadas en antiguos edificios industriales.

HOLEŠOVICE

STROMOVKA
(KRÁLOVSKÁ OBORA
STROMOVKA)

Recinto Ferial **4**
(Výstavište)

POD KAŠTANY

KORUNOVAČNÍ

Palacio Veletržní **3**
(Veletržní palác)

Hradčanská

BADENIHO

Museo Técnico Nacional **2**
(Národní technické muzeum)

LETENSKÝ TUNEL

ŠTEFÁNIKŮV MOST

NÁBŘEŽÍ KAPITÁ

Parque Letná **1**
(Letenská pláň)

NÁBŘEŽÍ EDVARDA BENEŠE

DVOŘÁKOVO NÁBŘEŽÍ

1 **Parque Letná** (ver pág. 158). Este parque de colinas cuenta con dos pabellones de exposiciones de estilo retro, esculturas modernas y unas vistas magníficas de Staré Město. Sal del parque por el lado este y dirígete hacia Kostelní.

2 **Museo Técnico Nacional** (ver págs. 158-159). Explora este compendio de colecciones tecnológicas checas que incluye automóviles, aviones y una interesante exposición sobre espionaje e instrumentos de cifrado. Continúa hacia el este por Kostelní y gira al norte hacia Dukelských Hrdinů.

HOLEŠOVICE
DURACIÓN: 8 H APROX.
DISTANCIA: 4,5 KM
ESTACIÓN DE METRO: HRADČANSKÁ

HOLEŠOVICE

⑤ DOX/Centro de Arte Contemporáneo (ver pág. 161). Esta nueva incorporación al panorama de galerías de arte de la ciudad refleja la creciente atención que Holešovice presta al arte y al diseño. Contempla las obras más atrevidas e innovadoras de pintores, escultores y expertos multimedia de Praga. Camina hacia el sur por Osadní y gira a la izquierda en U Průhonu.

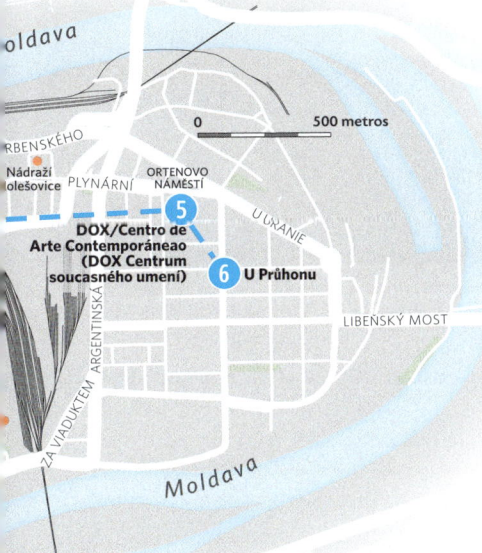

④ Recinto Ferial (ver págs. 159-160). El Planetario y la colección de esculturas del Museo Nacional son dos de los atractivos de este histórico recinto ferial. Dirígete hacia el noreste por U Výstaviště y continúa en Partyzánská. Gira hacia el este en Na zátorách y continúa por Plynární. Gira hacia el sur en Osadní, luego hacia el este en Poupětova. O bien, puedes tomar el tranvía 12 y bajar en Ortenovo náměstí.

③ Palacio Veletržní (ver págs. 162-163). Primer escaparate de la República Checa para el arte moderno y contemporáneo, el antiguo Palacio de Ferias alberga una rica variedad de obras nacionales e internacionales. Camina hacia el norte, en Dukelských Hrdinů.

Coches, motocicletas y aviones históricos en la sala principal del Museo Técnico Nacional.

Parque Letná

1 El Parque Letná (Letenské sady), el espacio verde más visible de la ciudad, alberga varios atractivos. El **Pabellón Hanavský**, con su cúpula metálica, se encuentra en el lado oeste; fue construido para la Exposición Universal de 1891 y cuenta con un restaurante con terraza desde donde se disfruta de una vista sorprendente. La gigantesca escultura del **Metrónomo** (24,5 m) de Vratislav Novák, en el punto de encuentro de los senderos peatonales que suben desde el río, ocupa un espacio que quedó vacío en 1960, cuando se derribó una estatua de Stalin de 30 m.

Letenské sady, Praga 7 • Metro: Hradcanská • Tranvía: 1, 8, 12, 25, 26

Museo Técnico Nacional

2 Entre las decenas de posibilidades en una ciudad aparentemente obsesionada con los museos, ninguna puede igualar la emoción por el Museo Técnico Nacional (Národní technické muzeum). Quince exposiciones permanentes abarcan desde la fotografía hasta la historia de la minería, pasando por la medición del tiempo, la química cotidiana o la metalurgia. La sección de transportes presenta aviones de combate, coches y motocicletas históricos, y la sección de astronomía cuenta con el objeto más antiguo de la colección (casi 5000 años): un meteorito hallado en 2005 en Campo del Cielo, Argentina. También se presentan la sección «Azúcar y chocolate», la tecnología en el mundo de los juguetes y el hogar, un estudio de televisión reconstruido, la exposición «Intercámara. Espacio, color y movimiento», y mucho más.

Kostelní 42, Praga 7 · 220 399 111 · *ntm.cz* · 290 czk · Cerrado lu. · Metro: Vltavskà · Tranvía: 1, 8, 12, 25, 26

Palacio Veletržní

3 Ver págs. 162-163.

Dukelských hrdinů 47, Praga 7 · *ngprague.cz* · 224 301 122 · 250 czk · Cerrado lu. · Metro: Vltavskà · Tranvía: 6, 17

Recinto Ferial

4 El gran arco central de hierro forjado y vidrieras sostiene una escalera de caracol de hierro que conduce a la extraña cúpula del reloj: es el **Palacio de la Industria** (Průmyslový palac) en estilo *art nouveau* que Bedřich Münzberger construyó para la Exposición Universal de 1891, una espectacular bienvenida al Recinto Ferial de Praga (Výstaviště). El edificio se utiliza para exposiciones y ferias. Situado entre árboles y prados junto al Recinto Ferial, el **Planetario de Praga** (Planetárium Praha; *KráLovská obora 233, planetarium.cz, 220 999 001, cerrado por reformas*) es uno de los atractivos de

DÓNDE **COMER**

■ FRAKTAL BAR
Perfecto para una parada revitalizante a base de cerveza, patatas fritas y hamburguesas. Sándwiches abundantes y excelente cerveza para disfrutar con diferentes entorno, en un ambiente acogedor y tranquilo. Šmeralova 178, 777 794 094, €-€€

■ KAVÁRNA POD LIPAMI
El «Café bajo los tilos» es un homenaje a los locales bohemios de antaño. La gente hojea el periódico y charla mientras toma un expreso y come Sacher casera.Čechova 1, 777 568 658, €€

■ LETENSKÝ ZÁMEČEK
Ve a cenar comida mediterránea con un vino blanco seco en el patio o para disfrutar de un falafel y cerveza Gambrinus en el sendero junto al río. Letenské sady 341, 233 378 200, €€

El Palacio de la Industria y, a la derecha, el Lapidárium, en el Recinto Ferial de Praga.

Výstaviště. Entre los programas (algunos con traducción en inglés) se incluyen un resumen de la obsesión del emperador Rodolfo II con la astrología y la alquimia, pues tenía una visión «pragocéntrica» del cosmos. El teatro circular presenta representaciones que ilustran el cielo nocturno, los movimientos de los planetas y las constelaciones. A la derecha de la entrada principal se encuentra el **Lapidárium** (*Výstaviště 422, m.cz, 702 013 372, 70 czk, cerrado por razones técnicas*) donde el Museo Nacional exhibe esculturas y monumentos bohemios, algunos de los cuales originalmente estaban dispersos por la ciudad y corrían el riesgo de sufrir daños. Las piezas de la colección abarcan desde la Edad Media hasta el siglo XIX. Entre las más importantes se encuentran partes de la gran fuente renacentista de Krocín, en mármol rojo, que se encontraba en la Plaza de la Ciudad Vieja (Staroměstské náměstí; ver pág. 63) y varias estatuas del Puente de Carlos (Karlův most; ver págs. 54-55).

Areál Výstaviště 67, Praga 7 • *vystavistepraha.eu* • 702 128 232 • Metro: Nádraží Holešovice • Tranvía: 6, 12, 17, 53, 54

DOX/Centro de Arte Contemporáneo

5 El innovador centro de arte contemporáneo, el DOX (DOX Centrum současného umění) reivindica el papel de Praga en la cultura de vanguardia acogiendo obras de artistas en los campos de la fotografía, el vídeo y el *pixel art*, el diseño y la arquitectura. En 2018 se amplió con la sala multifuncional DOX+, una estructura utilizada para teatro, danza, música, cine y *performance*. En la azotea se ha construido además un dirigible de acero y madera de 42 m de largo que constituye un punto de encuentro para el arte y la literatura contemporáneos.

El interior del dirigible en el techo del DOX, ideal para una pausa.

Poupětova 1, Praga 7 · *dox.cz* · 295 568 111 · 330 czk · Cerrado lu. · Metro: Nádraží Holešovice · Tranvía: 6, 12

U Průhonu

6 Pequeñas tiendas, galerías de arte, restaurantes, clubes y un centro cultural se encuentran uno al lado del otro en esta zona delimitada por U Průhonu, Komunardů, Dělniká y Osadní. La **Bold Gallery** (*U Měšťanského pivovaru 6, Praga 7, boldgallery.art, 739 045 855*) es un proyecto del reconocido galerista Oldřich Hejtmánek, quien desde 2020 ofrece un espacio a artistas contemporáneos. **Konsepti** (*Komunardů 32, Praga 7, konsepti.com, 266 199 452*) ofrece cuarenta y tres marcas de diseño checas e internacionales, ayudando a clientes y arquitectos en la creación de interiores únicos para hogares, oficinas, bares y tiendas. Su sala de exposición ofrece una hermosa selección de muebles. No muy lejos se encuentra **La Fabrika** (*Komunardů 30, Praga 7, lafabrika.cz, 604 104 600, se recomienda reservar*), donde se unen la historia industrial y el arte contemporáneo. Este centro artístico multiusos, ubicado en una serie de antiguos edificios industriales, es el lugar perfecto para una obra de teatro o danza de vanguardia.

Entre U Průhonu y Komunardů, Praga 7 · Metro: Nádraží Holešovice · Tranvía: 1, 25

Palacio Veletržní

*El antiguo Palacio de Ferias alberga la mayor y más importante
colección nacional de arte moderno y contemporáneo del país.*

El amplio vestíbulo del Palacio Veletržní, al que dan cuatro plantas de galerías.

Desde 1995, este palacio de cristal y acero alberga la colección de arte
moderno de la Galería Nacional, que abarca desde los impresionistas
franceses hasta las instalaciones contemporáneas. También se exponen
cuadros de Alphons Mucha y otros pintores checos, así como de aquellos
que les inspiraron, como Henri Matisse, Amedeo Modigliani y un joven Pablo
Picasso. La galería rinde homenaje a los artistas praguenses desde 1918 hasta
la actualidad. Comienza en la cuarta planta y desciende.

HOLEŠOVICE

1796-1918: EL ARTE DEL SIGLO MÁS LARGO

En la cuarta planta se encuentra la exposición de arte checo e internacional. Las obras, acumuladas a lo largo de más de 220 años de historia, son más de 450 y se dividen en tres secciones principales: Hombre, Mundo e Ideas. Las pinturas y esculturas se suceden deliberadamente de forma heterogénea, sin una narración cronológica o artística precisa. Aquí se encuentra Josef Mánes junto a Pablo Picasso y Antonio Canova junto a Franz von Stuck. También obras de impresionistas y postimpresionistas, desde Claude Monet hasta Vincent van Gogh y Paul Gauguin, cuyos cuadros se exponen sin interrupción junto a las obras surrealistas del pintor Jan Zrzavý y otros vanguardistas checos. Son especialmente bellas las pinturas y esculturas cubistas de Otto Gutfreund y el aerodinámico motociclista de bronce de la obra *Motocicleta Sunbeam* (1924), de Otakar Švec.

1918-1938: LA PRIMERA REPÚBLICA CHECOSLOVACA

La exposición permanente de la tercera planta presenta la riqueza artística de la joven Checoslovaquia independiente

UNA **CURIOSIDAD**

Cuando los arquitectos Oldřich Tyl y Josef Fuchs diseñaron el Palacio de Ferias en la década de 1920, querían que fuera único. Su edificio funcionalista, al estilo de Manhattan, estaba inundado de luz natural gracias a su estructura rectangular con seis pisos y balcones en torno a un atrio central con techo de cristal. Destruido por un incendio, fue reconstruido y, desde 1995, es el buque insignia de la Galería Nacional.

entre 1918 y 1938. Los importantes acontecimientos culturales de la época subrayan el carácter cosmopolita y multinacional de la primera república.

1930-ACTUALIDAD: ARTE MODERNO CHECO

La segunda planta está dedicada a las tendencias de la Praga del siglo XX. El líder del abstractismo checo fue František Kupka, cuya pintura *Amorpha, fugue en deux couleurs* ejemplifica su obsesión por las armonías de las franjas de colores contrastantes. Observa el *collage* del influyente Jiří Kolář, el arte abstracto pionero producido con ordenador de Zdeněk Sýkora y las reinterpretaciones de Gustav Klimt por el pintor Rudolf Fila.

HOLEŠOVICE

Dukelských hrdinů 47, Praga 7 • *ngprague.cz* • 224 301 122 • 250 czk • Cerrado lu. • Metro: Vltavskà • Tranvía: 6, 17

La cultura de la cerveza

Desde que Josef Groll elaboró la primera cerveza *lager* tipo *pilsner* en la ciudad de Plzeň, en 1842, la pasión de la República Checa por la cerveza de calidad ha sido inigualable. Las cervezas de baja fermentación, como las de Groll, siguen estando de moda, pero el panorama cervecero evoluciona e incluye *stout* y cervezas de trigo. Las cervecerías artesanales prosperan, algunas en edificios centenarios.

La cerveza forma parte de la vida social de Praga. Pág. siguiente: Lokál es uno de los *pubs* más conocidos de la ciudad.

Sabor bohemio

La cerveza checa que conocemos hoy en día se remonta a mediados del siglo XIX, pero las primeras noticias históricas de una cervecería en tierras bohemias datan del 993 y se refieren al monasterio praguense de Břevnov. El monasterio dejó de producir cerveza en 1899, pero en 2011 se instaló en el mismo edificio la microcervecería Břevnovský Pivovar (ver recuadro de la pág. siguiente), que produce *lager* tradicionales, *pale ale* y una Russian Imperial Stout.

La revolución de la *pilsner*

La cerveza *lager* elaborada por Groll para la cervecería Plzeňský Prazdroj en 1842 fue tan popular que revolucionó la industria cervecera mundial. Era una cerveza dorada, de fermentación baja y sabor delicado, muy diferente de las cervezas oscuras y dulces populares de la época. El lúpulo local y el agua pura de Bohemia contribuyeron por igual a su sabor, y los cerveceros extranjeros se esfuerzan por reproducir los aromas distintivos.

Tipos de cerveza

No es difícil encontrar la *pivo* (cerveza): prácticamente todos los restaurantes, bares y cafeterías sirven una de las tres grandes marcas (Pilsner Urquell, Staropramen, Gambrinus) de barril, generalmente en jarras de 300 ml y medio litro. Las *lager*, que varían en color desde las claras hasta las oscuras, son las más populares, pero los gustos de los checos están cambiando y se aprecian cada vez más las *stout* y las cervezas de trigo de alta fermentación. El panorama de las microcervecerías es floreciente: tres cervezas que hay que probar son Únětické, Svijany y Primator; esta última fue elegida mejor cerveza del mundo en 2013 en el concurso World Beer Awards. Mientras que la Zubr ganó el premio a la mejor cerveza rubia de 2019.

LOS *PUBS* DE PRAGA

Břevnovský (Abadía benedictina) Prueba la cerveza negra Břevnovský Benedict o una clásica Imperial Pilsner. **Markétská 1, Praga 6, 607 038 304**

Lokál Un *pub* moderno de la vieja escuela que sirve la mejor Pilsner Urquell. **Dlouhá 33, 734 283 874**

Hostinec U Černého vola Cervecería tradicional checa. La cerveza es excelente y los precios son asequibles. **Loretánské náměstí 1, 606 626 929**

Zlý časy Los amantes de la cerveza estarán encantados de elegir entre sus casi cincuenta variedades de barril. Prueba una Kocour. **Čestmírova 5, 723 339 995**

Galerías de arte moderno

Praga es reconocida como centro internacional del arte moderno y del diseño, desde el movimiento *art nouveau* de principios del siglo xx hasta la floreciente escena actual. En lugar de concentrarse en los lugares más «de moda» del momento, las nuevas galerías de arte se extienden por la ciudad.

■ CHEMISTRY GALLERY

Para una visión general del arte contemporáneo local, popular entre los jóvenes, visita la Chemistry Gallery en Holešovice. Encontrarás de todo: grafitis, multimedia, gráficos, instalaciones, etc. Es una forma fascinante de explorar las nuevas tendencias. Los curadores ayudan a los artistas a crear su propio portafolio para exponerlo públicamente, independientemente de su medio. Esto ofrece a los visitantes una experiencia original, completamente diferente a la que ofrecen otras galerías de Praga.

Bubenské nábřeží 13, Praga 7-Holešovice • *thechemistry.cz* • 606 649 170 • Cerrado lu. y ma. • Metro: Vltavská• Tranvía: 1, 12, 26

■ PALACIO COLLOREDO-MANSFELD

Este antiguo palacio real barroco, cerca del Puente de Carlos, en Staré Město, es una de las sedes más recientes de la Prague City Gallery. En la tercera planta se celebran exposiciones rotativas de arte contemporáneo. En la planta noble, los visitantes pueden recorrer los salones, con interiores rococó del siglo XVIII, algunos de los cuales se han conservado en su estado original. El recorrido incluye quince paradas para ilustrar los rasgos característicos del palacio y la vida social de la época. El edificio está actualmente cerrado por reformas.

Karlova 2, Praga 1 • *hmp.cz* • 222 232 053 • 60 czk • Cerrado por reformas • Metro: Staroměstská

■ GALERÍA DVORAK SEC

Cerca de la Plaza de la Ciudad Vieja, en Staré Město, la Galería Dvorak Sec es un escaparate para jóvenes artistas de la República Checa, Alemania, Gran Bretaña y Estados Unidos. Las obras expuestas van desde pinturas y bocetos hasta esculturas monumentales e instalaciones luminosas. Aquí han expuesto el

HOLEŠOVICE

La Galería Dvorak Sec organiza exposiciones de arte contemporáneo.

escultor David Černý, uno de los artistas más conocidos de la República Checa, el pintor checo de arte urbano Jakub Matuška y el artista de vanguardia alemán Michael Najjar.

Dlouhá 5, Praga 1 • *dscgallery.com* • 604 204 653 • Cerrado sá. y do. •Metro: Staroměstská

■ Museo Kampa
Meda y Jan Mládek, la pareja checoestadounidense responsable de este museo situado en la isla de Kampa, en Malá Strana, promueven el arte *underground* de Europa Central

y Oriental del siglo xx. La colección permanente, organizada por temas, incluye arte moderno centroeuropeo, obras del pintor František Kupka (pinturas de finales del siglo xix, bocetos de principios del siglo xx) y del escultor Otto Gutfreund, entre las que se encuentran piezas de su período cubista. Las exposiciones temporales, que se celebran periódicamente, muestran obras de artistas checos y extranjeros de vanguardia.

U Sovových mlýnů 2, Praga 1 • *museumkampa.com* • 257 286 148 • 350 ckz •Cerrado 1 de enero y 24 y 25 de diciembre • Tranvía 12, 15, 20, 22

La **Bílkova Vila** expone las conmovedoras esculturas de madera de František Bílek.

■ MUSEO MONTANELLI

Las exposiciones temporales de este museo privado de Malá Strana incluyen obras de artistas checos y extranjeros, así como piezas de la Fundación DrAK, que gestiona el museo. En el pasado han expuesto la fotógrafa checa Běla Kolářová, el chino Xu Zhen y la islandesa Sigrún Ólafsdóttir, cuyas pinturas y esculturas son conocidas por su equilibrio.

Nerudova 13, Praga 1 • *museummontanelli.com* • 257 531 220 • 100 czk • Cerrado lu. y ma., 1 de enero, 24 y 25 de diciembre • Metro: Malostranská • Tranvía: 12, 15, 20, 22

■ BÍLKOVA VILA

El escultor simbolista *art nouveau* František Bílek diseñó y construyó esta villa en 1910. Sus características revelan múltiples inspiraciones, desde las columnas exteriores de estilo egipcio hasta los motivos en forma de hojas y pájaros de las manijas metálicas del interior. Las paredes curvas nunca forman ángulos rectos y algunas escaleras no llevan a ninguna parte. La villa es también un taller con obras de Bílek, entre las que se encuentran bocetos y estudios que datan de los años 1891-1903. Bílek es conocido por sus temas cristianos, que exploró con esculturas de madera que representan episodios de la vida de Cristo.

Mickiewiczova 1, Praga 6 • *ghmp.cz* • 233 323 631 • 150 czk • Cerrado lu., 1 de enero y 24 y 25 de diciembre • Metro: Hradčanská • Tranvía: 2, 12, 18, 20

■ MUSEO MUCHA

El artista checo Alphons Mucha es conocido por sus anuncios y carteles *art nouveau* de los teatros parisinos, pero este museo, situado en el Palacio Kaunický de Nové Město, expone otras obras, entre las que se incluyen cuadros, esculturas, fotografías, dibujos al carboncillo y litografías, así como objetos personales.

La producción francesa de Mucha está especialmente bien representada, incluyendo sus álbumes de bocetos de París y una serie de carteles diseñados para la actriz Sarah Bernhardt.

Panská 7, Praga 1 • *mucha.cz* • 224 216 415 • 350 czk • Todos los días de 10:00 a 18:00 h • Metro: Můstek • Tranvía: 3, 9

■ GALERIE VÁCLAVA ŠPÁLY

Fundada en 1957, la galería de Nové Město lleva el nombre del pintor, artista gráfico e ilustrador checo Václav Špála, cuyas obras se encuentran entre las más codiciadas del arte moderno checo. En la década de 1990, bajo la dirección de Jaroslav Krbůšek, se convirtió en una importante sala de exposiciones dedicada al arte checo. El programa de exposiciones, bajo la nueva dirección, se centra en artistas checos actuales, con especial atención a la pintura contemporánea.

Národní 30, Praga 1 • *galerievaclavaspaly.cz* • 224 174 704 • 40 czk • Cerrado 1 de enero y 24 y 25 de diciembre • Metro: Národní třída

■ LEICA GALLERY PRAGUE

Situada en las afueras de Nové Město, la galería Leica exhibe las obras de grandes fotógrafos, como el eslovaco Tono Stano, el checo-estadounidense Antonín Kratochvíl, el ucraniano Felix Lupa y la checa Tereza Z Davle.

Školská 28, Praga 1 • *lgp.cz* • 222 211 567 • 70 czk • Metro: Můstek • Tranvía: 3, 9, 14, 24

Detalle de una serie de rostros bizantinos de Alphons Mucha, en el Museo Mucha.

PARTE 3

Consejos de viaje

PLANIFICA TU VIAJE

Cuando ir

Praga es un destino ideal durante todo el año, pero las mejores épocas son a finales de primavera, a finales de verano y durante las vacaciones de Semana Santa y Navidad. En primavera, mayo, junio y septiembre, el clima suele ser cálido y perfecto para disfrutar de las terrazas de los cafés y restaurantes. Si te gusta la música y las artes escénicas, puedes visitar la ciudad durante el festival musical Primavera de Praga, en la segunda quincena de mayo, o durante la Prague Museum Night (*prazskamuzejninoc.cz*). Ten en cuenta que en estas fechas hay mucha afluencia turística, por lo que es necesario planificar el viaje con mucha antelación y reservar los hoteles lo antes posible. Lo mismo ocurre con los restaurantes de moda. El calor del verano a veces puede ser agotador; además, en las tardes de julio y agosto suelen producirse aguaceros. Por otro lado, la ciudad puede estar igual de concurrida en verano. La gran ventaja de visitar Praga fuera de temporada es que hay menos turistas. También te puedes beneficiar de tarifas hoteleras reducidas, normalmente desde noviembre hasta finales de marzo, excepto en Navidad. El invierno es la mejor época para los eventos culturales. Las principales salas de conciertos y teatros de ópera de la ciudad están en funcionamiento todo el año, pero las temporadas principales son las que se organizan en los meses más fríos. Las desventajas de visitar Praga fuera de temporada son el frío y los días cortos, que limitan el tiempo que puedes dedicar a las visitas. Sin embargo, la época navideña es una excepción: con sus mercados al aire libre, animadores callejeros y, con un poco de suerte, incluso una nevada que contribuye al ambiente festivo. Muchos hoteles aplican tarifas más altas en el periodo comprendido entre Navidad y Año Nuevo.

Clima

Praga disfruta de un clima moderadamente continental. Los inviernos son bastante fríos, con una temperatura media de -1,5 °C, por lo que la temperatura suele estar por debajo de cero, incluso durante varios días consecutivos, con picos de -10 °C. Los veranos son suaves y cálidos: rara vez se superan los 27 °C en julio, la media es de 18 °C, con picos diarios de hasta más de 30 °C. Las precipitaciones anuales son de 525 mm; julio y agosto son los meses más lluviosos, enero y febrero los más secos.

Qué llevar

Praga es una ciudad moderna con todo tipo de tiendas. Sin embargo, si necesitas medicamentos especiales te recomendamos traerlos. Los medicamentos que en tu país se consideran de venta libre, en la República Checa pueden estar disponibles solo con receta médica. La corriente eléctrica es de 230 V y 50 Hz, para ordenadores portátiles, secadores de pelo, etc., pero para evitar inconvenientes, procura llevar un adaptador para enchufes que no sean schuko. En cuanto a la ropa, prepárate para cualquier tipo de clima, especialmente en invierno, cuando las temperaturas varían de templadas a muy frías. Lleva calzado adecuado para la lluvia y la nieve mezclada con barro. En verano, unos pantalones ligeros, faldas y camisetas deberían ser suficientes, pero trae un paraguas para protegerte de los chaparrones vespertinos.

Seguros

Un viaje a la República Checa no entraña riesgos particulares, pero siempre es recomendable contratar un seguro que cubra gastos médicos de otro tipo (como la repatriación aérea o el traslado enfermos a otro país) y los robos. Si utilizas una de las principales tarjetas de crédito, como American Express es probable que tengas cobertura contra riesgos básicos y pérdida de objetos, pero comprueba atentamente las condiciones.

Coche

Si llegas a Praga con tu coche, recuerda imprimir y llevar

contigo el resguardo y los papeles de tu seguro. Un permiso de conducir español, expedido por las autoridades competentes de un país de la Unión Europea, te permite conducir en todos los demás países de la UE. Por último, no olvides la documentación de tu vehículo.

Asistencia médica

Los ciudadanos españoles que se desplazan temporalmente a la República Checa (Estado miembro de la UE pueden recibir la asistencia médica necesaria prevista por la sanidad pública local (servicios de urgencia) si disponen de la Tarjeta Sanitaria Europea (TSE). No obstante, es recomendable contratar un seguro médico privado. Conserva todos los recibos de los tratamientos médicos.

Robos y objetos perdidos

En caso de robo, informa inmediatamente a la policía y solicita una copia de la denuncia, que deberás entregar a tu compañía de seguros para el procedimiento de reembolso.

Documentación

Es necesario viajar con el pasaporte o el documento de identidad (válido para salir del país) en vigor (también los menores de 18 años). Para cualquier cambio relacionado con la validez del pasaporte, se recomienda informarse previamente. Una vez en la República Checa, lleva

contigo una copia de los documentos y títulos de viaje, y guarda los originales en el hotel.

Lecturas recomendadas

Para una introducción a la cultura de Praga y de la República Checa, lee las novelas de Milan Kundera, Josef Škvorecký, Ivan Klíma y Bohumil Hrabal, cuyo *Yo he servido al rey de Inglaterra*, es un clásico moderno. Un clásico menos reciente es *Las aventuras del buen soldado Švejk*, la famosa novela de Jaroslav Hašek ambientada en la Primera Guerra Mundial; para muchos lectores, este es el retrato ejemplar del checo astuto. Václav Havel (1936-2011) no solo fue presidente del país hasta 2003, sino también un importante dramaturgo y ensayista. Libros como *Cartas a Olga*, escritas durante los años de detención de Havel entre 1979 y 1982, ofrecen una idea de la Checoslovaquia comunista. Timothy Garton Ash es el mejor periodista moderno sobre política de Europa Central (*La linterna mágica*), mientras que *Prague in Black and Gold: The History of a City Paperback*, de Peter Demetz, ofrece una detallada historia cultural de la ciudad.

CÓMO LLEGAR

En avión

La mayoría de los visitantes llegan en avión a **Ruzyne**, a 19 km del centro de Praga.

Para obtener información en inglés, llama al 220 111 888 o visita la página web de la compañía **Czech Airlines (CSA)**: *www.csa.cz*. El aeropuerto ha sido renovado y es poco probable que se produzcan retrasos en inmigración o en la recogida de equipajes. Además de Czech Airlines, la compañía aérea nacional, varias compañías conectan la capital de la República Checa con España con vuelos directos.

Llegar al centro

Al reservar tu habitación, verifica si el hotel ofrece traslado al aeropuerto, ya sea en minibús o limusina. De lo contrario, **Terravisión** (*terravision.eu*), un servicio de autobús lanzadera, te llevará a Námĕstí Republiky, cerca del centro de la ciudad. Los billetes se pueden comprar en el quiosco del aeropuerto. O puedes tomar el autobús público n.º 119 hasta la estación de metro de Dejvická, cerca del centro. Hay dos tipos de billetes disponibles en la estación de metro: uno para un trayecto de 30 min con transbordos (que permite usar cualquier transporte público) y otro para un trayecto de 90 min. Esta es, sin duda, la forma más económica de viajar, pero puede resultar agotadora debido a la larga duración del trayecto y al peso del equipaje. La forma más rápida de llegar a la ciudad es en taxi, con un precio medio de unos 36 czk/km. Además de los viajes privados que se pueden reservar a través de las aplicaciones Uber, Bolt y Liftago, la compañía de taxis más grande y fiable, con conductores que hablan inglés, es **AAA Radiotaxi** (*14014 o 222 333 222*). Se ofrece el mismo servicio en algunas paradas con vehículos con el cartel Taxi Fair Place.

En coche
Si llegas en coche, las autopistas están señalizadas con carteles azules con uno o varios números y la letra D. Para circular por la red, debes adquirir el ticket del impuesto de circulación (345 czk por 10 días) que se puede comprar en los pasos fronterizos, en las oficinas de correos y en las oficinas de información turística.

En moto
El uso del casco es obligatorio, pero para circular por la red de autopistas no es necesario pagar el impuesto, como en el caso de los coches.

Aparcamiento
En Praga hay numerosos aparcamientos y garajes vigilados. En las estaciones de metro a la entrada de la ciudad hay aparcamientos más económicos, pero de intercambio (está prohibido dejar el coche por la noche). Muchos hoteles disponen de aparcamientos privados o concertados.

En tren
No hay conexiones ferroviarias directas con España, por lo que el viaje implica numerosos trasbordos. Praga tiene cuatro estaciones de tren: Hlavní nádraži (la estación central), Praga Holešovice (la segunda estación internacional), Masarykovo nádraži y Smíchovské nádraži. A todas ellas se puede acceder desde el metro. Comprueba en el billete cuál es la estación de llegada. Para obtener información sobre los trenes, llama al 221 111 122.

CÓMO MOVERSE

Transporte público
Praga cuenta con una red de transporte público extensa y eficiente que incluye metro, tranvías y autobuses. Casi todos los lugares turísticos son fácilmente accesibles gracias a la frecuencia de los tranvías y el metro. Por la noche hay un servicio reducido de tranvías, por lo que rara vez tendrás que depender de los taxis. Es muy importante tener el billete antes de subir al transporte. En los medios de transporte, a menudo te pedirán que lo muestres a los revisores vestidos de civil (la multa, que debe pagarse inmediatamente, es de unos 1000 czk). Los billetes tienen una validez de 30 o 90 min y deben validarse al entrar en una estación de metro o al subir a un tranvía o autobús.

Los billetes se compran en los estancos y en las oficinas de reserva de las estaciones. Se puede comprar una tarjeta de 24 h por 120 czk o una de 72 h por 330 czk. Los mapas del metro y del tranvía están expuestos en todas las estaciones y algunas oficinas.

A pie
Praga es una ciudad pequeña y, por lo general, la forma más rápida de llegar a un destino en el centro es a pie. Para que te hagas una idea, desde el Castillo se llega al casco antiguo en 30 min a pie y en 15 min se va de la plaza de la Ciudad Vieja al Museo Nacional.

En bicicleta
No es muy recomendable recorrer Praga en bicicleta debido al estado del pavimento y al terreno accidentado. Sin embargo, hacerlo en los grandes parques y jardines fuera del centro histórico es una experiencia agradable. Descubre los servicios de bicicletas de alquiler de la ciudad: Rekola (*rekola.cz*), Nextbike (*nextbikeczech.com*), Lime (*.li.me/en-us/home*). Y Re.Volt para patinetes.

Autobús
La mayoría de los autobuses pasan por las estaciones de metro y llegan a los barrios periféricos, incluido el aeropuerto. Para más información, consulta la

página web *dpp.cz* o llama al 296 191 817.

Metro
El metro tiene tres líneas (ver el mapa en la tercera de cubierta): A (verde), B (amarilla) y C (roja). Los trenes, frecuentes y limpios, circulan desde las 05:00 hasta las 00:00 h aprox.

Taxi
Utiliza los taxis como último recurso. Pregunta en tu hotel cuáles son las tarifas aceptables para el trayecto que deseas realizar y busca un taxi autorizado (tiene una luz en el techo) para no tener problemas y pagar lo justo (muchos taxistas tienden a no poner el taxímetro). Además del **AAA Radiotaxi** (ver *Llegar al centro*), hay Modrý anděl (*737 222 333*) y TICK TACK Taxi (*721 300 300*), aparte de los reservables mediante aplicaciones: Bolt, Liftago, Uber.

Tranvía
A diferencia del metro, los tranvías circulan toda la noche, pero las líneas nocturnas (de la 51 a la 59) están muy concurridas y son menos frecuentes. La línea 9, que va desde la plaza de Wenceslao a Malá Strana, es muy útil, al igual que la 22, que sigue un itinerario panorámico desde el Teatro Nacional de NovéMěsto, pasando por el Castillo de Praga en dirección a Bílá Hora.

CONSEJOS PRÁCTICOS

Personas con movilidad reducida
En los últimos años, Praga se está adaptando para aumentar las instalaciones accesibles para las personas con movilidad reducida. Los hoteles, restaurantes y museos son cada vez más conscientes de la necesidad de adaptarse y gran parte se ha puesto en conformidad con la normativa. El principal problema es el uso del transporte público, sobre todo los tranvías y los autobuses, aunque en algunas líneas de superficie varios vehículos están equipados con accesos rebajados. En el mapa de transporte se indican las estaciones de metro con ascensores o plataformas móviles. La agencia de turismo Accessible Prague ofrece asistencia integral en la página web *accessibleprague.com*.

Etiqueta
Es habitual decir «buenos días» (*dobrý den*) al entrar en una oficina o una tienda y «adiós» (*na shledanou*) al salir. Si visitas una casa particular, se agradecerá mucho un pequeño obsequio, como un ramo de flores o un objeto típico de tu país. En algunas casas te pedirán que te quites los zapatos. En los *pubs* y restaurantes más informales espera compartir la mesa con otras personas en horas punta.

Festivos nacionales
La mayoría de los castillos y algunos museos cierran los días festivos nacionales y el día siguiente. Las principales fiestas nacionales son:
1 de enero (Año Nuevo)
Viernes Santo
Domingo de Resurrección
Lunes de Pascua
1 de mayo (Día del Trabajo)
8 de mayo (Día de la Liberación)
5 de julio (santos Cirilo y Metodio)
6 de julio (Fiesta de Jan Hus)
28 de septiembre (San Wenceslao y fiesta de la República)
28 de octubre (Fundación de la Primera República Checoslovaca, 1918)
17 de noviembre (Día de las luchas estudiantiles)
24-26 de diciembre (Navidad).

Zona horaria
La República Checa se encuentra en la zona horaria de Europa Central (hora central europea, CET), la misma que la de España. El último domingo de marzo entra en vigor el horario de verano (los relojes se adelantan una hora) y el horario de invierno vuelve el último domingo de octubre.

Lugares de culto
Además de ser lugares de culto, muchas iglesias son destinos turísticos. Los horarios de las misas suelen estar anunciados en la puerta y en el *Prague Post*. No hay un código de vestimenta

obligatorio, excepto para la *kippah* (en plural *kippot*) en las sinagogas y cementerios judíos (en las sinagogas suelen haber *kippot* de papel). Muchas iglesias también funcionan como salas de conciertos. En algunos casos, la única forma de verlas por dentro sin pagar es asistiendo a una misa.

Propinas
En general, los checos no dejan propina, pero redondean la cuenta en los restaurantes. Si pagas con tarjeta, puedes dejar un 10 % del total en efectivo

Horarios de apertura
Las tiendas abren de 09:00 a 18:00 h, los centros comerciales suelen abrir de 09:00 a 21:00 h y los bancos de 09:00 a 17:00 h (a veces hasta las 20:00 h). Algunas tiendas cierran a la hora del almuerzo. La mayoría de las tiendas pequeñas y los bancos cierran do. y festivos, y a menudo los sá. por la tarde. Otras tiendas tienen horarios ampliados, algunas incluso las 24 h. Las farmacias abren de 08:00 a 17:00 h los días laborables (posible horario hasta las 20:00/ 21:00 h), aunque las hay disponibles las 24 h. Los restaurantes abren para el almuerzo y la cena los siete días de la semana y no tienen un día de descanso. Muchas iglesias están abiertas todo el día, especialmente si son lugares de culto en activo, pero otras tienen horarios

variables. Algunas solo abren para las misas (por la mañana temprano y a última hora de la tarde), otras cierran algunas horas durante el día.

Animales
Si deseas llevar contigo a tu mascota, debes disponer de un pasaporte europeo que acredite la vacunación antirrábica. El animal debe estar provisto de un *microchip* o tatuaje de identificación.

Prague Card
Si piensas visitar varios lugares históricos, galerías de arte y museos, considera la Prague Card. La tarjeta permite la entrada gratuita a unos 70 de los principales lugares de interés, entre ellos el Castillo de Praga y el Ayuntamiento de la Ciudad Vieja, y descuentos en otros treinta. Hay tarjetas de dos días (adultos 88 €, niños/ estudiantes 64 €), tres días (adultos 108 €, niños/ estudiantes 72 €) y cuatro (adultos 112 €, niños/ estudiantes 80 €). Las tarjetas son válidas para el uso del transporte público. Se pueden solicitar *online* y recoger a la llegada, o bien adquirir en varios puntos de la ciudad (*praguecoolpass.com*).

Baños
Los baños públicos se reconocen por la inscripción «WC»; para utilizarlos (y para obtener papel higiénico) hay que pagar una pequeña cantidad. El nivel es variable,

pero suelen estar limpios y cuidados. Las mujeres deben buscar la palabra *Dámy* o *Ženy*, y los hombres, *Páni* o *Muži*. Ten en cuenta que la palabra *paní*, con el acento en la «i», significa «mujeres» y a veces se utiliza en las puertas de los aseos.

Seguridad
Praga es una ciudad bastante segura. Sin embargo, hay que tener cuidado con los tirones y los robos en las proximidades de los lugares más turísticos de la capital (el puente de Carlos, el Castillo de Praga, etc.). Los carteristas están siempre al acecho en el metro, los tranvías y las paradas, especialmente en las líneas 22 y 23, muy utilizadas por los turistas. Las precauciones son las habituales. Lleva la cartera en uno de los bolsillos delanteros, cierra bien el bolso y llévalo pegado al cuerpo. Ten cuidado al sacar dinero de los cajeros automáticos por la noche y no te distraigas con desconocidos que quieran «ayudarte».
Consulta siempre la página web del Ministerio de Asuntos Exteriores antes de salir: *exteriores.gob.es*.

Teléfono y conexión a Internet
Todos los teléfonos móviles y *smartphones* funcionan perfectamente en la red telefónica checa. Hay banda ancha en toda la ciudad y *wifi* en la mayoría de los hoteles,

restaurantes, bibliotecas e incluso en algunos medios de transporte público. Comprueba las condiciones de navegación y telefonía en el extranjero con tu operador Para llamar a España desde un número checo, debes marcar el prefijo 0034, mientras que el prefijo 00420 es para lo contrario. Una vez en Praga, puedes llamar al 1188 para solicitar un número de teléfono.

Oficinas de turismo

Las oficinas de información turística se identifican por una gran «i» blanca sobre fondo verde. Algunas son muy útiles y ofrecen ayuda para reservar hoteles. Otras son tiendas de postales. En general, dan información útil y proporcionan mapas, folletos y consejos. Los centros de información más importantes se encuentran en la estación principal, Hlavní nádraži (Wilsonova), y en el Ayuntamiento de la Ciudad Vieja (Staroměstské námestí). Si tenéis pensado hacer una excursión fuera de Praga, merece la pena visitar este último para consultar los horarios de apertura de los castillos y museos de toda la República Checa. El centro de información turística de Praga tiene una web *prague.eu*.

EMERGENCIAS

Embajadas
Embajada española en Praga
Badeniho, 4, 1700 Praga 7,

233 097 211, *emb.Praga@ maec.es*. Teléfono de Emergencia Consular 606 623 060.

Números de teléfono para emergencias
Emergencias 112
Policía nacional 158
Bomberos 150
Urgencias para extranjeros 257 271 111
Ambulancia 155
Emergencias en carretera 1230

Objetos perdidos
La oficina de objetos perdidos se encuentra en Karolíny Světlé 5, Praga 1, 224 235 085. Está abierta de lu. a vi. de 08:00 a 12:00 y de 12:30 a 17:30 h. Si pierdes tu tarjeta de crédito, llama a la institución emisora de la tarjeta lo antes posible:
American Express, 222 800 333
Visa/Eurocard/Mastercard, 800 142 494
Diners Club, 267 197 450

Salud
Para dolencias leves, pregunta a los empleados de la recepción de tu hotel, que te indicarán un médico que hable inglés o te concertarán una cita directamente en tu habitación. Puedes acudir a una farmacia (*lékárna*), donde comprar medicamentos sin receta y recibir asesoramiento gratuito. El horario de apertura es de 08:00 a 17:00 h, pero algunas están abiertas las 24 h (Praga 1, No Františku 8, 222 801 397;

Praga 2, Belgická 37, 222 519 731; Praga 5, V Úvalu 84, 224 435 736; Praga 6, Vítězné náměstí 13, 224 325 520; Praga 7, Františka Křížka 22, 731 638 010; Praga 8, Budínova 2, 266 082 017; Praga 10, Plaňanská 1, 281 019 258). En Praga hay varios servicios de urgencias ubicados en hospitales y ambulatorios de los distintos barrios que prestan servicio desde las 19:00 h hasta la madrugada y sin interrupción los fines de semana y festivos. Algunas farmacias ofrecen el mismo servicio (en el centro: Palackého 5, Praga 1, 224 946 982).

Oficinas de correos
Las oficinas de correos están abiertas de lu. a vi. de 08:00 a 18:00 h. La oficina central de correos (*Jindrišská 14*) está abierta de 02:00 a 00:00 h. Los sellos se venden en quioscos y estancos.

Moneda, precios y tarjetas de crédito
La moneda es la corona checa, *koruna* (plural: *koruny*), abreviada CZK. En la ciudad hay decenas de oficinas de cambio. Evita las del aeropuerto o la frontera, ya que las comisiones son más altas, hasta un 5 %. Los bancos suelen cambiar con una comisión mínima. En los cajeros automáticos se puede sacar dinero las 24 h del día. Las principales tarjetas de crédito se aceptan en la mayoría de lugares, pero lleva siempre efectivo suficiente.

HOTEL

Los hoteles de Praga han alcanzado estándares y instalaciones acordes con la media europea, y hoy en día existe una amplia gama de alojamientos para todos los gustos y presupuestos. Encontrarás hoteles clásicos con personalidad ubicados en palacios nobiliarios, y un número considerable de hoteles de diseño a precios incluso moderados, con muebles elegantes, tecnología y colores más contemporáneos.

Tipos de alojamiento

Praga cuenta con cientos de hoteles y pensiones, pero en ciertas épocas del año, especialmente en verano y Navidad, puede ser difícil encontrar habitación. Es recomendable reservar con bastante antelación. Las oficinas de turismo ofrecen una lista de hoteles. Los estándares en la capital suelen ser altos. Casi todas las habitaciones disponen de baño y comodidades básicas como teléfono y televisión. Las habitaciones suelen ser cómodas y limpias, pero no necesariamente luminosas, espaciosas ni modernas: el mobiliario suele ser tradicional. Sin embargo, cada vez más hoteles *boutique* ofrecen un estilo más contemporáneo.

Las tarifas deberían incluir todos los impuestos, pero es aconsejable verificarlo en el momento de la reserva. Suele incluir el desayuno. Las principales tarjetas de crédito se aceptan en todas partes, excepto en los hoteles muy pequeños. Los rangos de precios que figuran en las reseñas a continuación son los «oficiales», es decir, los que pagarías si te presentaras sin reserva. Excepto en temporada alta, se puede obtener un descuento si se reserva con antelación, sobre todo en hoteles de lujo, o fuera de temporada, cuando hay menos afluencia. Hay poca diferencia entre un hotel y una pensión. Una pensión suele ser de gestión familiar y puede que no tenga recepción; a los huéspedes se les entrega la llave de la puerta principal, como en una casa privada. Si tienes pensado quedarte una semana o más, considera la posibilidad de una residencia o una casa privada. Estos disponen de apartamentos amueblados, con cocina y, a menudo, en una ubicación céntrica. Las tarifas varían mucho, según la ubicación, la calidad de los servicios y el grado de privacidad. Algunas agencias se especializan en apartamentos privados. Prueba **Ave Travel** en la estación central de tren

(*Hlavní nádraží, 251 091 111, Pod Barvířkou 6, Praga 5, avehotels.cz*).

Organización

Los hoteles que se describen están agrupados por barrios y ordenados alfabéticamente según su rango de precios. La dirección postal Praga 1 incluye la zona central de la ciudad (Hradčany, Malá Strana y Staré Město). Las personas con discapacidad deben consultar los servicios disponibles directamente con el hotel.

Rango de precios

Tarifas por habitación doble en temporada alta.

€€€€€ Más de 160 €
€€€€ 100 - 160 €
€€€ 60 - 100 €
€€ 40 - 60 €
€ Menos de 40 €

Leyenda de símbolos

🛈 *N.º de habitaciones*
🚈 *Medios de transporte*
🅿 *Parking* ⬌ *Ascensor* ❄ *Aire acondicionado* 🚭 *No fumadores*
🏊 *Piscina al aire libre* 🏊 *Piscina cubierta* 💪 *Gimnasio* 💳 *Tarjetas de crédito*

STARÉ MĚSTO

En las estrechas calles de Staré Město se encuentran muchos de los hoteles más bonitos de Praga, algunos en palacios nobiliarios, otros en edificios de estilo *art nouveau*.

■ BUDDHA-BAR HOTEL
€€€€€
JAKUBSKÁ 8
PRAGA 1
TEL. 221 776 300
buddhabarhotelprague.com
Deja atrás el casco antiguo y disfruta de un toque de orientalismo moderno en esta versión del club parisino más de moda del momento.
La madera oscura, los toques de rojo, la iluminación tenue, el incienso y la música «Buddha beat» confieren al hotel su encanto místico y romántico. Como obsequio, un bombón y una orquídea en la almohada. Si no te alojas aquí, puedes comer en la cafetería Siddharta (cocina de fusión asiática) o tomar una copa en el bar super *chic*.
(i) 39 🚇 *Náměstí Republiky*
🔲 🔲 🔲 *Las principales*

■ THE GRAND MARK PRAGUE
€€€€€
HYBERNSKÁ 12
PRAGA 1
TEL. 226 226 111
grandmark.cz
En un palacio barroco del siglo xv con todas las comodidades, a pocos pasos de la Torre de la Pólvora y del Ayuntamiento, este hotel de negocios situado en los límites

de Staré Město cuenta con una decoración contemporánea y amplias habitaciones que parecen apartamentos, con zona de estar y cocina americana. Servicio de primera clase.
(i) 75 🚇 *Náměstí Republiky*
🔲 🔲 🔲 🔲 🔲
🔲 *Las principales*

■ HOTEL METAMORPHIS
€€€€-€€€€€
TÝN 10
PRAGA 1
TEL. 221 771 011
metamorphis.cz
Ubicado detrás de la iglesia de Týn, ofrece amplios apartamentos con cocina. Algunos tienen dos dormitorios con capacidad para cuatro personas.
(i) 10 🚇 *Náměstí Republiky*
🔲 🔲 *Las principales*

■ HOTEL PAŘÍŽ
€€€€-€€€€€
U OBECNÍHO DOMU 1
PRAGA 1
TEL. 222 195 195
hotel-paris.cz
Este fabuloso hotel de estilo secesión ha sido renovado y combina belleza y comodidad. Se encuentra el Café de Paris, con lámparas *art nouveau*. Admira la escalera.
(i) 94 🚇 *Náměstí Republiky*
🔲 🔲 🔲 🔲 🔲
🔲 *Las principales*

■ CENTRAL HOTEL PRAGUE
€€€€
RYBNÁ 8
PRAGA 1
TEL. 725 448 712

Construido en 1931, el Central, cerca de Náměstí Republiky, fue renovado en los años noventa. Las habitaciones son sencillas. Las mejores y más caras, en las plantas superiores, tienen balcón con vistas a los tejados medievales. El bar del vestíbulo es muy bonito.
(i) 71 🚇 *Náměstí Republiky*
🔲 🔲 🔲 🔲 *MC, V*

■ CHATEAU 9 APARTMENTS
€€-€€€€€
ŘETĚZOVÁ 9
PRAGA 1
TEL. 222 743 781
adrezliving.com
Un edificio del siglo xv renovado, en Staré Město, ofrece apartamentos con cocina que conservan las características originales. Es una buena opción si te quedas más de dos días.
(i) 9 🚇 *Staroměstská*
🔲 🔲 *Las principales*

■ HOTEL JOSEF
€€€
RYBNÁ 20
PRAGA 1
TEL. 221 700 111
hoteljosef.com
Este hotel de diseño, obra de la arquitecta checo-británica Eva Jiřičná, ha recibido muchos elogios desde su apertura en 2002. Las habitaciones son pequeñas, pero las paredes de cristal y los muebles de líneas limpias crean una atmósfera minimalista y elegante; tarifas asequibles.
(i) 109 🚇 *Náměstí Republiky*
🔲 🔲 🔲 🔲 🔲 *AE, MC, V*

HOTELES

■ **LIPPERT HOTEL**
€€€
MIKULÁŠSKÁ 19/2
PRAGA 1
TEL. 224 232 250
lipperthotel.cz
Teniendo en cuenta su
ubicación en Staroměstské
náměstí, este hotel íntimo,
elegante y antiguo es una
buena opción a precios
competitivos. Se encuentra en
un edificio del siglo XIV
reformado con suelos de
parqué. Su terraza de verano
da a la plaza.
ⓘ 12 🚇 Staromestská
🐾 Las principales

■ **RED CHAIR HOTEL
U ČERVENÉ ŽIDLE**
€€€
LILIOVÁ 250
PRAGA 1
TEL. 261 264 369
hotelucervenezidle.cz
La pensión «Silla Roja» tiene
un gran encanto. Ubicada en
un edificio del siglo XV con
toques de época, cuenta con
habitaciones desde
individuales hasta cuádruples,
con una decoración
minimalista y baño privado. El
desayuno es tipo bufé.
ⓘ 13 🚇 Můstek P 🚫
🐾 AE, MC, V

■ **UNITAS**
€€€
BARTOLOMĚJSKÁ 9
PRAGA 1
TEL. 224 230 533
unitas.cz
Alojamiento económico y
limpio, con habitaciones
dobles y triples, y algunos
dormitorios en lo que antes
fue un convento y luego la

sede de la policía secreta. Los
baños son compartidos y las
habitaciones son pequeñas,
pero las camas son cómodas
y está a poca distancia a pie
del puente de Carlos.
ⓘ 34 🚇 Národní třída
🚌 P 🚫 🐾 No se aceptan

JOSEFOV

En el antiguo barrio judío hay
menos hoteles que en otras
zonas céntricas, sus edificios
están ocupados por tiendas
de moda, coctelerías y
restaurantes que por la noche
crean un ambiente animado.

■ **HOTEL U TŘÍ BUBNŮ**
€€€€-€€€€€
U RADNICE 13
PRAGA 1
TEL. 224 214 855
utribubnu.cz
El Hotel «ai Tre Tamburi» goza
de una ubicación envidiable.
Las habitaciones son cómodas
y originales, todas con vigas
vistas y techos de madera.
Prueba el restaurante
especializado en cocina
brasileña. A 400 m hay un
aparcamiento subterráneo
vigilado de pago.
ⓘ 21 🚇 Staroměstská
🚌 🚫 🐾 Las principales

MALÁ STRANA E
HRADČANY

Abundan los hoteles en Malá
Strana, debajo del Castillo de
Praga y alrededores, lo que lo
convierte en uno de los
mejores barrios para alojarse.

■ **ALCHYMIST GRAND
HOTEL & SPA**
€€€€€
TRŽIŠTĚ 19
PRAGA 1
TEL. 257 286 011
alchymisthotel.com
Este grandioso edificio junto a
la embajada estadounidense
cuenta con habitaciones
dignas de un rey con techos
de madera, un restaurante
gourmet que sirve cocina
continental y un centro de
bienestar con piscina
especializado en masajes y
aromaterapia. El servicio es de
primera clase, con un conserje
a tu disposición que te
ayudará a comprar entradas
para eventos difíciles de
conseguir y te dará consejos
sobre qué hacer en la ciudad.
ⓘ 45 🚇 Malostranská
P 🚌 🏊 📺 🐾 Las principales

■ **AUGUSTINE**
€€€€€
LETENSKÁ 12
PRAGA 1
TEL. 266 112 233
marriott.com
Ubicado en un antiguo
monasterio, es un hotel con
una cervecería muy popular y
un buen restaurante que
combina un estilo fresco y
moderno con los clásicos
techos altos de madera. Las
habitaciones, algunas con
vistas espectaculares, se
caracterizan por su diseño
elegante y modernista. El spa
del hotel ofrece una amplia
gama de tratamientos de
bienestar.
ⓘ 101 🚇 Malostranská
P 🚌 📺 🐾 Las principales

CONSEJOS DE VIAJE

180 | CONSEJOS DE VIAJE

■ HOFFMEISTER

€€€€€
POD BRUSKOU 7
PRAGA 1
TEL. 251 017 111
hoffmeister.cz

Un hotel lujoso y romántico que ofrece un servicio excelente. Las habitaciones están ricamente decoradas y el Lily Wellness and Spa es precioso. La ubicación junto a una concurrida línea de tranvía bajo el castillo no es precisamente ideal. Tiene un buen restaurante y la terraza es encantadora en verano.

ℹ 41 🚊 Malostranská 🅿 ⊖ 🌣 🛇 🗐 🛇 Las principales

■ SAVOY

€€€€€
KEPLEROVA 6
PRAGA 1
TEL. 224 302 430
savoyprague.cz

Se trata de un edificio *art nouveau* situado cerca del Monasterio de Strahov. Entre sus zonas comunes se encuentran el bar, con una amplia variedad de aperitivos y comidas ligeras, y el restaurante Hradčany con techo de cristal. Las habitaciones son de las más amplias de la ciudad, con minibar gratuito y cuartos de baño de mármol. Los huéspedes pueden utilizar el gimnasio de forma gratuita. El hotel es muy popular entre las celebridades, pero la distancia al centro de la ciudad puede ser una desventaja para muchos visitantes.

ℹ 61 🚊 Malostranská 🅿 ⊖ 🌣 🛇 🗐 🛇 Las principales

■ U TŘÍ PŠTROSŮ

€€€€€
DRAŽICKÉHO NÁMĚSTÍ 12
PRAGA 1
TEL. 603 500 704
utripstrosu.cz

Las Tres Ostras, a la sombra del Puente de Carlos, es uno de los hoteles más antiguos. Fue uno de los primeros restaurantes de la ciudad y estuvo gestionado por la familia Dundr hasta la década de 1960, aunque en la década de 1990 recuperaron la propiedad. Las habitaciones son algo anticuadas, pero las zonas comunes conservan valiosos elementos renacentistas, como un techo de madera pintado. El restaurante U Tří Pštrosů ofrece una buena selección de pescado, caza (incluido jarrete de jabalí con salsa de rosa mosqueta), platos tradicionales checos y ostras. Hay disponible un menú de mediodía más económico.

ℹ 18 🚊 Malostranská 🅿 🌣 🛇 🛇 Las principales

■ GOLDEN WELL HOTEL

€€€€-€€€€€
U ZLATÉ STUDNĚ 4
PRAGA 1
TEL. 257 011 213
goldenwell.cz

Situado en una tranquila calle sin salida bajo el castillo, este elegante palacio del siglo XVI, que perteneció al emperador Rodolfo II y al astrónomo Tycho Brahe, ha sido reconvertido en uno de los hoteles más bonitos de Praga. Todas las habitaciones están decoradas y cada una de ellas cuenta con una bañera de hidromasaje. El restaurante es lujoso y ofrece un menú reducido con diferentes cocinas europeas. La decoración es esencialmente moderna. En verano se abre la terraza de la azotea junto a los Jardines Ledebur, desde donde se disfruta de la mejor vista de Malá Strana.

ℹ 19 🚊 Malostranská 🅿 🛇 🛇 Las principales

■ HOTEL GOLDEN STAR

€€€€
NERUDOVA 48
PRAGA 1
TEL. 257 532 867
hotelgoldenstar.cz

El grandioso Golden Star, en el corazón de Malá Strana, ocupa un magnífico edificio barroco del 1730. Ha conservado elementos originales como estucos y vigas vistas. Las habitaciones son de diferentes tamaños, pero todas están amuebladas de madera. Además, cuentan con todas las comodidades y unas bonitas vistas a Malá Strana o al castillo.

ℹ 27 🚊 Malostranská 🅿 ⊖ 🛇 AE, MC, V, D, JCB

■ U PÁVA

€€€€
U LUŽICKÉHO SEMINÁŘE 30
PRAGA 1
TEL. 257 533 573
hotel-upava.cz

El U Páva se encuentra en una plaza tranquila, a poca distancia del Puente de Carlos. La decoración en madera oscura no gusta a todo el mundo por su toque un poco melancólico, pero las habitaciones son amplias y lujosas. Merece la pena alojarse en una de las *suites*, que son un poco más caras y tienen chimenea. Las habitaciones disponen de sauna y *jacuzzi*.

🚻 26 🚇 *Malostranská*
🅿️ ♻️ 📺 🛅 *AE, MC, V*

■ VINTAGE DESIGN
HOTEL SAX
€€€€
JÁNSKÝ VRŠEK 3
PRAGA 1
TEL. 775 859 694

Si los edificios antiguos no son lo tuyo, este hotel, ubicado en una tranquila plaza cerca de Vlašská, podría ser justo lo que buscas. Las habitaciones de estilo retro, con un papel pintado vibrante y elegante mobiliario, han ganado premios de diseño, mientras que el elegante bar del vestíbulo con techo de cristal está decorado con arte moderno. Varias habitaciones tienen vistas a los tejados del casco antiguo, y la terraza ofrece vistas al castillo.

🚻 22 🚇 *Malostranská*
🅿️ ♻️ 🛅 *Las principales*

■ GREEN LOBSTER
€€€-€€€€
NERUDOVA 42
PRAGA 1
TEL. 257 532 158
garzottoapartments.cz

Los elementos originales del siglo XIV, como techos artesonados y suelos de parqué, se conservan en este lujoso palacio noble transformado en hotel.

Muebles con ribetes dorados (incluidas algunas camas con dosel) y ricas telas en brillantes dorados y rojos completan el conjunto.
Las espaciosas habitaciones cuentan con hermosos detalles históricos y vistas panorámicas.

🚻 14 🚇 *Malostranská*
🅿️ ♻️ 🛅 *Las principales*

■ DŮM U VELKĚ BOTY
BOTY
€€€
VLAŠSKÁ 30
PRAGA 1
TEL. 257 532 088
dumuvelkeboty.cz

Ocupa un edificio del siglo XVII en una plaza tranquila, frente a la embajada alemana.
De gestión familiar, es extravagante, con vigas de madera vista, escaleras de piedra y muchos detalles de época. Todas las habitaciones tienen baño privado, aunque algunas solo tienen ducha, y hay una *suite* con cocina americana y salón. Los niños menores de diez años no pagan si duermen en la habitación con sus padres.

🚻 12 🚇 *Malostranská*
🛅 *No se aceptan*

■ NH PRAGUE CITY
€€€
MOZARTOVA 1
PRAGA 5
TEL. 257 153 111
nh-hotels.com

Muy moderno, este hotel no gusta a todo el mundo, pero es un popular hotel de negocios útil para quienes viajan en coche, ya que es

fácilmente accesible y cuenta con un amplio aparcamiento. Las tarifas son razonables. Las habitaciones tienen una decoración moderna y las camas cuentan con colchones gruesos y lujosos edredones. Un funicular especial lleva al Sky Lounge, una encantadora terraza bar al aire libre desde la que se puede disfrutar de unas vistas espectaculares de la ciudad.

🚻 441 🚇 *Anděl*
🅿️ ♻️ 🛅 📺 🛅 *Las principales*

■ PENSION
DIENTZENHOFER
€€€
NOSTICOVA 2
PRAGA 1
TEL. 257 311 319
pension-dientzenhofer. worhot. com

La casa donde nació el arquitecto Kilian Ignatz Dientzenhofer, cerca de la isla de Kampa, es hoy un pequeño hotel con restaurante.
La ubicación es atractiva y tranquila, pero las habitaciones, aunque bastante amplias, necesitarían una renovación. Hay acceso para sillas de ruedas, una bonita terraza con jardín y se alquilan bicicletas.

🚻 10 🚇 *Malostranská*
🅿️ ♻️ 🛅 *Las principales*

NOVÉ MĚSTO

En Nové Město, que gira en torno a la Plaza de Wenceslao, se respira un ambiente más aireado que en

Staré Město y Malá Strana. El acceso a los principales lugares de interés es sencillo.

■ JALTA

€€€€€
VÁCLAVSKÉ NÁMĚSTÍ 45
PRAGA 1
TEL. 222 822 111
hoteljalta.com

Construido en los años cincuenta como modelo de arquitectura comunista, el Jalta se ha transformado en un cómodo hotel de cuatro estrellas, con habitaciones amplias y bien amuebladas. Una característica singular es el refugio nuclear descubierto bajo el edificio, que pueden visitar los huéspedes y turistas. El Como Restaurant sirve cocina mediterránea, asiática y checa, y tiene un bar con terraza que da a la Plaza de Wenceslao.

① 94 🚇 Můstek
🅿 🔁 📶 🛂
🅰 AE, DC, JCB, MC, V

■ AMBASSADOR ZLATÁ HUSA

€€€€-€€€€€
VÁCLAVSKÉ NÁMĚSTÍ 5-7
PRAGA 1
TEL. 224 193 111
ambassador.cz

Es difícil superar la ubicación del Ambassador en la Plaza de Wenceslao. Las habitaciones son cómodas y están bien equipadas, pero las zonas comunes carecen de ambiente (aunque hay un fabuloso comedor *art nouveau*) y algunos muebles son antiguos. El hotel está junto a un local nocturno y un casino.

① 162 🚇 Můstek
🅿 🔁 📶 🛂 🚩
🅰 DC, V, MC, AE

■ ART NOUVEAU PALACE HOTEL

€€€€-€€€€€
PANSKÁ 12
PRAGA 1
TEL. 224 093 111
palacehotel.cz

Este edificio de estilo secesión del 1906 goza de una ubicación perfecta cerca de la Plaza de Wenceslao. Fue uno de los primeros hoteles de lujo de Praga y aún hoy sigue siendo un referente. Es caro, pero tiene personalidad, está muy bien equipado y es muy cómodo. Muchas habitaciones están decoradas de forma individual; todas son elegantes. Un bonito comedor con paneles de madera, un piano y una chimenea lo convierten en la elección perfecta para una estancia invernal.

① 127 🚇 Můstek 🅿 📶 🛂
🅰 DC, V, MC, AE, JBC

■ CITY HOTEL MORAN

€€€€-€€€€€
NA MORÁNI 15
PRAGA 2
TEL. 224 915 208
bestwestern.com

Hoy en día parte de la cadena Best Western, este hotel, ubicado en un hermoso edificio del siglo XIX, cuenta con habitaciones amplias y bien equipadas, aunque poco funcionales. Situado cerca del río, cerca de la Plaza de Carlos, es una opción cómoda en esta zona de la ciudad.

① 57 🚇 Karlovo náměstí
🅿 🔁 📶 🅰 Las principales

■ HOTEL ÉLITE

€€€
OSTROVNÍ 32
PRAGA 1
TEL. 211 156 500
hotel-elite.cz

Este edificio barroco, originalmente un cuartel, es uno de los hoteles con mejor relación calidad-precio de Praga, gracias a su abundancia de elementos de época, muebles antiguos en las zonas comunes y habitaciones decoradas individualmente, cada una de ellas es única. Goza de una excelente reputación por su servicio y se encuentra a poca distancia a pie de Staré Město.

① 76 🚇 Národní třída
🅿 🔁 🅰 DC, V, MC, AE, JBC

■ CITY BELL

€-€€
BELGICKÁ 10
PRAGA 2
TEL. 222 522 422
hotelcitybell.cz

El City Bell, a cinco minutos a pie de Naměstí Miru, es una de las pocas verdaderas «gangas» del centro de la ciudad. Las habitaciones son amplias y luminosas, pero sin lujos y con pocos muebles. Las más económicas tienen baño compartido. El servicio es excelente.

① 24 🚇 Náměstí Miru
🅿 🔁 🅰 Las principales

Conversación

buenos días/hola *dobrý den*
hasta luego *na shledanou*
por favor *prosím*
gracias *děkuji*
sí *ano*
no *ne*
está bien/vale *dobře*
disculpa *promiňte*
¿dónde está? *kde je?*
¿cuándo? *kdy?*
¿por qué? *proč?*
grande/pequeño *velký/malý*
más/menos *více/méně*
caliente/frío *horký/studený*
aquí/allí *tady/tam*
derecha/izquierda *vpravo/vlevo*
recto *jděte přímo*

Carteles

entrada *vchod*
salida *východ*
abierto *otevřeno*
cerrado *zavřeno*
atención *pozor*
aseos *toalety*
hombres/caballeros *muži/páni*
mujeres/señoras *ženy/dámy*

Tiempo

hoy *dnes*
mañana *zítra*
ayer *včera*
mañana *ráno*
tarde *odpoledne*
noche *večer/noc*

De compras

banco *banka*
caja *pokladna*
caro/barato *drahý/levný*
farmacia *lékárna*
oficina de correos *pošta*
tienda de alimentación
  potraviny
¿Cuánto cuesta? *kolik to
  stojí?*

Transporte

aeropuerto *letiště*
asiento *místo/sedadlo*
autobús *autobus*
avión *letadlo*
billete *lístek*
estación de autobuses
  autobusové nádraží
estación de metro *stanice
  metra*
estación de tren *nádraží*
ida y vuelta *zpáteční*
solo ida *jednosměrný*
tranvía *tramvaj*
tren *vlak*

Geografía y lugares

avenida *třída*
calle *ulice*
castillo *hrad/zámek*
iglesia *kostel*
jardín *zahrada*
monte *hora*
museo *muzeum*
oficina de turismo *informační
  centrum*
plaza *náměstí*
puente *most*
río *řeka*
teatro *divadlo*

Hoteles

hotel *hotel*
aparcamiento *parkoviště*
baño *koupelna*
desayuno *snídaně*
ducha *sprcha*
habitación *pokoj*
llave *klíč*
reserva *rezervace*

Emergencias

¡ayuda! *pomoc!*
doctor *doktor/lékař*
dentista *zubař*
hospital *nemocnice*
comisaría de policía *policejní
  stanice*

Números

1 *jeden*
2 *dva*
3 *tří*
4 *čtyři*
5 *pět*
6 *šest*
7 *sedm*
8 *osm*
9 *devět*
10 *deset*
15 *patnáct*
20 *dvacet*
25 *dvacet pět*
50 *padesát*
100 *sto*
1000 *tisíc*
1 000 000 *milión*

Días de la semana

lunes *pondělí*
martes *úterý*
miércoles *středa*
jueves *čtvrtek*
viernes *pátek*
sábado *sobota*
domingo *neděle*

Meses del año y estaciones

enero *leden*
febrero *únor*
marzo *březen*
abril *duben*
mayo *květen*
junio *červen*
julio *červenec*
agosto *srpen*
septiembre *září*
octubre *říjen*
noviembre *listopad*
diciembre *prosinec*

primavera *jaro*
verano *léto*
otoño *podzim*
invierno *zima*

Términos generales
almuerzo *oběd*
aperitivos *předkrm*
carta de vinos *nápojový lístek*
cena *večeře*
cuenta *účet*
guarnición *příloha*
menú *jídelní lístek*
mesa *stůl*
plato principal *hlavní jídlo*
postre *moučník*
restaurante *restaurace*

Palabras básicas
azúcar *cukr*
carne *maso*
fruta *ovoce*
huevos *vejce*
mantequilla *máslo*
nata *smetana*
pan *chléb*
pimienta *pepř*
queso *sýr*
sal *sůl*
sopa *polévka*
verduras *zelenina*

Carne
aves *drůserž*
cerdo *vepřové*
conejo *králík*
escalope empanado *vepřový*
    řízek
faisán *bažant*
hígado *játra*
jamón *šunka*
oca *husa*
pato *kachna*
pavo *krocan*
pierna de cerdo *vepřové*
    koleno
pollo *kuře*
res *hovězí*
salchicha *klobása*
salchicha würstel *párek*
ternera *teleci*

Pescado
atún *tuňák*
bacalao *tresca*
carpa *kapr*
gambas *krevety*
pez *ryby*
salmón ahumado *uzený losos*
trucha *pstruh*

Guarniciones
arroz *rýže*
ensalada *salát*
patatas *brambory*
patatas fritas *hranolky*
puré *bramborová kaše*
ravioli *knedlíky*

Fruta
fresas *jahody*
limón *citrón*
manzana *jablko*
naranja *pomeranč*
pera *hruška*
piña *ananas*
plátano *banán*
uva *hrozny*
uvas pasas *rozinky*

Verdura
ajo *česnek*
cebolla *cibule*
champiñones *žampiony*
coliflor *květák*
espinacas *špenát*
guisantes *hrášek*
pepino *okurka*
repollo *zelí*
tomates *rajčata*
zanahoria *mrkev/karotka*

Otros
bocadillo *chlebíček*
queso frito *smažený sýr*
tortilla *omeleta*

Dulces
chocolate *čokoláda*
helado *zmrzlina*
pancake palačinky
pastelitos de crema *buchty*
strudel závin
tarta *dort*

Bebidas
agua mineral *minerální voda*
agua *voda*
café *káva*
cerveza *pivo*

con gas *šumivá*
leche *mléko*
natural *nešumivá*
té *čaj*
vino blanco *bílé víno*
vino tinto *červené víno*
zumo de naranja *pomerančový*
    džus

Indicaciones de pronunciación
Las vocales son largas o cortas: las largas tienen acento agudo (la «u» larga también se puede transcribir como «ů»). La pronunciación de las vocales es similar a la del español. Por lo general, el acento tónico recae en la primera sílaba.
A continuación, algunas indicaciones de pronunciación de las consonantes:

c = «ts»
č = «ch»
ch = «ij», como en alemán «ich»
g = «g» como en gato
h = se pronuncia aspirada
r = «r» vibrante
ř = sonido combinado de la «r» vibrante y la «y» de «yo»
s = «s» como en seda
š = «sh» como en inglés «shape»
ž = «y» como en «yo»

CONSEJOS DE VIAJE

ÍNDICE

Autores
Will Tizard
Con textos de Jacy Meyer, Alice
Peebles y Joe Yogerst

créditos fotográficos
Abreviaturas: SS (SuperStock), **RH**
(Robert Harding), **DR** (Dreamstime.
com), **SH** (Shutterstock.com)
a = arriba; b = abajo; s = a la
izquierda; d = a la derecha; c = en el
centro

2-3 Markus Lange/RH; **4** Kord/age
fotostock/RH; **5ad** Vicspacewalker/
DR; **5cd** James Strachan/RH; **5bs**
Christophe Boisvieux/Corbis; **6**
Robert Caputo/Aurora Photos/RH; **9**
Maurizio Rellini SIME/4Corners; **12-13**
Reed Kaestner/Corbis; **14as** Jozef
Sedmak/DR; **14bd** Pietro Canali/
SIME/4Corners; **15ad** Peter Erik
Forsberg/age fotostock/RH; **15b** Phil
Robinson/age fotostock/RH; **16**
Prague City Tourism; **18as** Peter
Eberts/Arcaid/Corbis; **18bs** Heritage
Images/Corbis; **19ad** Richard
Nebesky/RH; **19bs** Álvaro Leiva/age
fotostock/RH; **20** Peter Erik Forsberg/
Lifestyle/Alamy; **22** Godong/Universal
Images Group/Getty Images; **22b**
imagebroker.net/SS; **23a** Vincent
Leduc/Authors Images/RH; **23b**
Goran Bogicevic/DR; **24** Nathan
Benn/Corbis; **26a** Jon Diez
Beldarrain/age fotostock/RH; **26b**
Yadid Levy/age fotostock/RH; **27b**
Lucertolone/SH; **27a** Otakar Švec:
Motorcyklista (Sunbeam) Inv.n. P 1382
/Galería Nacional de Praga; **29**
praguepix/Alamy; **30** age fotostock/
SS; **31as** David W. Cerny/Reuters/
Corbis; **31ad** Mirekdeml/DR; **32**
Robert Huberman/SS; **34** Richard
Nebesky/Lonely Planet Images/Getty
Images; **34bs** David Clapp/
Photolibrary/Getty Images; **35a** Chris
Fredriksson/Alamy; **35b** Jose Peral/
age fotostock/RH; **37** Mark Thomas/
Design Pics/Corbis; **38** Red Rider por
Michal Gabriel/Radim Beznoska/
Alamy; **39a** Iveta Billova/DR; **39b**

tichr/SH; **40** Petr Josek/Reuters/
Corbis; **42** Peter Erik Forsberg/age
fotostock/RH; **43d** Buschmen/DR;
43s Petr Bonek/Alamy; **44** travelpixs/
Alamy; **46-47** Alessandro Saffo/
SIME/4Corners; **50** Pietro Canali/
SIME/4Corners; **52** Aliaksandr
Mazurkevich/DR; **53a**
Vicspacewalker/DR; **53b** Paul Seheult/
Eye Ubiquitous/Corbis; **54** Hemis.fr/
SS; **55** Trajes de escena para algunos
personajes de Dalibor, ópera de
Bedrich Smetana (1824-1884)/De
Agostini Picture Library/A.Dagli Orti/
The Bridgeman Art Library; **57** Vincent
Leduc/Imagen de los autores/RH; **58**
Hemis.fr/SS; **60** Kubista; **61**
Moviestore Collection/Rex Features
Ltd; **62** Robert Harding Picture
Library/SS; **64** Peter Barritt/SS; **65** Pjr
Travel/Alamy; **66** Sergio Pitamitz/age
fotostock/RH; **67** El piano de
Wolfgang Amadeus Mozart
(1756-1791) en la villa Bertramka de
Praga./De Agostini Picture Library/
A.Dagli Orti/The Bridgeman Art
Library; **68** Chris Fredriksson/Alamy;
70 Yadid Levy/age fotostock/RH; **72**
Michaela Dusikova//Profimedia CZ
a.s./Alamy; **74a** Filarmónica Checa,
Praga; **74b** Corbis; **75** Christophe
Boisvieux/Corbis; **76** kamil/iStock; **77**
Sergio Pitamitz/Corbis; **78** Luisa
Puccini/SH; **81** Melvyn Longhurst/
Alamy; **83** Sergi Reboredo/age
fotostock/SS; **84** Convento de Santa
Inés/Galería Nacional de Praga; **86**
Anibal Trejo/SH; **87** Christoph Mohr/
dpa/Corbis; **89** Renan MS/SH; **91**
Kevin George/Alamy; **92** Guido
Cozzi/SIME/4Corners; **94** Godong/
Robert Harding; **95ad** marketa1982/
SH; **95bd** Premysi Morgan
Vacek/123RF.com; **96** Jean-Pierre
Lescourret/Corbis; **98as** Brenda Kean/
Alamy; **98b** James Strachan/RH;**99**
Yadid Levy/RH; **101** emka74/SH; **102**
Dennis MacDonald/age fotostock/SS;
103 Nastia11/iStock.com; **104** Guido
Cozzi/SIME/4Corners; **105** Peter Erik
Forsberg/Praga/Alamy; **106** Guido
Cozzi/SIME/4Corners; **107** Michal
Cizek/AFP/Getty Images; **108** isifa

Image Service s.r.o./Alamy; **109**
imagebroker.net/SS; **110** De
Agostini/C.Sappa/Getty Images; **111**
Palacio Colloredo-Mansfeldský, foto de
Tomás Soucek; **113** Jan Richter/
imagebroker/Alamy; **114**
imagebroker/SS; **116a** Hanis/iStock.
com; **116b** Reinhard Schmid/4Corners;
117a B.O'Kane/Alamy; **117b** VPC
Travel Photo/Alamy; **119** Yadid Levy/
age fotostock/RH; **120** dpa picture
alliance/Alamy; **121** James Strachan/
RH; **122** Maurizio Rellini/
SIME/4Corners; **123** Christophe
Boisvieux/age fotostock/RH; **125**
Fiesta del Rosario, Alberto Durero, Inv.
n. P3630 /Galería Nacional de Praga;
126 Fred de Noyelle/Corbis; **127** Peter
Treanor/Alamy; **128** La siega,
posiblemente en los meses de junio y
julio de 1565 (óleo sobre tabla),
Bruegel, Pieter el Viejo (c. 1525-69)/
Palacio Lobkowicz, Castillo de Praga,
República Checa/The Bridgeman Art
Library; **130** Peter Forsberg/CR/
Alamy; **131** Luis Castaneda/age
fotostock/RH; **132** Wies Wombara/
Alamy; **133** Libor Fojtik/isifa/Getty
Images; **135** Jon Diez Beidarrain/age
fotostock/Alamy; **137** Vladimir
Sazonov/SH; **138** Kajano/SH; **138d** S.
Popovic RM/Alamy; **139s** Marian
Garai/DR; **139d** vicspacewalker/
iStock; **140** alessandro0770/SH; **141**
Peter Forsberg/Europe/Alamy; **142**
Ivan Babej/isifa/Getty Images; **145**
Foto de Hana Smejkalová/Teatro
Nacional, Praga; **146** age fotostock/SS;
148 Phil Robinson/age fotostock/RH;
149 petrzurek/iStock.com; **151** Peter
Zurek/DR; **153** Travel Pix/RH; **154**
Birgitte Mejer/Alamy; **156** Peter
Forsberg/CR/Alamy;**157a** Petr
Bonek/Alamy; **157b** Girlfriends, Karel
Dvořák, Inv. n. P 3630/Galería
Nacional de Praga; **158, 160** Petr
Bonek/Alamy; **160** smereka/SH; **161**
Thiago Figueredo/SH **162** steve
Estvanik/SH; **164** Massimo Ripani/
SIME/4Corners; **165** Reinhard
Schmid/4Corners; **167** dvorak sec
contemporáneo; **168** Jan Langer; **169**
Peter Willi/SS; **170-171** Travel Pictures
Ltd./SS.

Fundada en 1888, la National Geographic Society ha financiado más de 14 000 proyectos de investigación, exploración y conservación en todo el mundo. La National Geographic Society está financiada por National Geographic Partners, LLC y, por lo tanto, en parte gracias a su apoyo. De hecho, parte de los ingresos derivados de la compra de este libro están destinados a apoyar la importante misión de la National Geographic Society. Para obtener más información, visite natgeo.com/info
Desde 2001, National Geographic vincula su nombre a Edizioni White Star, que edita y distribuye la edición italiana de las guías y obras más prestigiosas.

Publicado por National Geographic Partners, LLC.

Traducción: Ormobook

© 2026 White Star s.r.l.
Piazzale Luigi Cadorna, 6
20123 Milano, Italia
www.whitestar.it

Licenciatario de National Geographic Partners, LLC.

ISBN 978-88-540-6217-7
1 2 3 4 5 30 29 28 27 26

Impreso en Polonia

MIXTO
Papel | Apoyando la silvicultura responsable
FSC
www.fsc.org
FSC® C178000

CRÉDITOS